La Motivation

Rainer Niermeyer et Manuel Seyffert

La Motivation

Clés pour se motiver et motiver les autres

Ixelles éditions

Traduction : Frédérique Bath M'Wom
Directrice de collection : Sophie Descours

"Rainer Niermeyer, Manuel Seyffert: Motivation"
Licensed edition by the Rudolf Haufe Verlag, Federal Republic of Germany, Freiburg, 2009
Lizenzausgabe des Rudolf Haufe Verlags, Bundesrepublik Deutschland, Freiburg 2009

Ixelles éditions est une division de Ixelles Publishing SA

ISBN 978-2-87515-039-4
D/2009/11.948/40

Dépôt légal : 4e trimestre 2009
Imprimé en Belgique

Ixelles Publishing SA
Avenue Molière, 263
B 1050 Bruxelles

E-mail : contact@ixelles-editions.com
Site internet : www.ixelles-editions.com

Sommaire

Avant-propos

La motivation seule ne garantit pas la réussite. Mais sans motivation, il ne peut y avoir de réussite. Les seules questions qu'il faut se poser sont les suivantes : comment fonctionne réellement la motivation ? Et comment peut-on réussir à motiver soi-même ou les autres ?

Ce MiniGuide vous explique ce qu'est la motivation et les conditions qui favorisent son déclenchement. Vous apprendrez comment être toujours motivé. Nous présenterons aux cadres de direction des méthodes qui leur permettront d'identifier et de résoudre efficacement les problèmes de motivation affectant leur entreprise.

Nous vous expliquerons pas à pas comment organiser une organisation de manière à renforcer et pérenniser l'engagement de ses collaborateurs.

Précisons avant tout que l'entrain et la méthode Coué ne suffisent pas à faire naître la motivation.
Pour être motivé, il faut réunir plusieurs facteurs. Découvrez sur les pages suivantes quels sont ces facteurs et comment les mobiliser. Nos nombreuses check-lists et fiches de travail vous aideront à mettre immédiatement en pratique ce que vous avez appris.
Nous vous souhaitons une lecture motivée.

RAINER NIERMEYER ET MANUEL SEYFFERT

Les trois erreurs les plus fréquentes concernant la motivation

Si vous demandez à vos collègues ce qu'est la motivation à leurs yeux, vous obtiendrez probablement des réponses très variées.
Dans ce chapitre, nous allons nous pencher sur les clichés les plus fréquents qui circulent sur la motivation et vous dire pourquoi ils sont faux.

La motivation, cette incomprise

La motivation est un concept très populaire. Être motivé et savoir motiver les autres est une qualité qui a le vent en poupe, car la motivation est considérée comme un facteur essentiel de réussite. Les entreprises sont à la recherche de collaborateurs très motivés, dotés du sens de l'initiative. Elles espèrent d'eux qu'ils gardent leur motivation. On attend des cadres de direction non seulement qu'ils soient eux-mêmes motivés, mais qu'ils sachent aussi communiquer cet enthousiasme à l'ensemble du personnel.

Au vu de l'importance accordée à la motivation et du débat qu'elle suscite, on ne peut que se demander : sommes-nous suffisamment motivés ? Sommes-nous capables de motiver les autres ?

Toujours la même complainte : pas assez motivés

Manifestement, nous ne sommes pas assez motivés – ou en tout cas les autres ne sont pas assez motivés. Dans le monde du travail, on se plaint souvent que les salariés ne sont pas assez impliqués, travaillent sans allant et ne montrent qu'un intérêt limité pour les missions débordant le cadre de leur fonction. « Nous avons besoin de collaborateurs motivés ! » entend-on résonner depuis le bureau de la direction.

Pourtant, ce souhait reste souvent lettre morte, car peu de gens savent ce que recouvre exactement le concept de motivation et quel en est le mécanisme. Cela nous amène à notre premier thème : les erreurs les plus fréquentes sur la motivation.

Erreur n° 1 : On est motivé ou on ne l'est pas

D'aucuns pensent que la motivation est un don naturel, comme le sens des affaires, l'habileté manuelle ou l'oreille musicale. Certains en auraient hérité d'une bonne dose à la naissance, tandis que d'autres en seraient tout simplement dépourvus. Et quand on est persuadé que la motivation est une question de caractère, on croit ne pouvoir rien y changer.

La réalité

La motivation n'est pas innée. Pour vous en convaincre, il vous suffit d'observer vos collègues dans leur globalité : pas seulement au travail, mais aussi dans leur vie privée. Vous constaterez que chacun a ses domaines de prédilection dans lesquels il s'engage. Si ce n'est pas le travail, ce peut être une autre sphère de la vie, par exemple le sport, le jardinage ou les enfants. Le manque de motivation d'une personne au travail ne peut donc pas s'expliquer uniquement par sa personnalité.

Erreur n° 2 : La motivation est une manipulation

Les tenants de cette théorie affirment que le terme « motivation » est un euphémisme qui cacherait en fait une forme de réponse à la manipulation. Les chefs auraient recours à des stratagèmes pour que leurs subordonnés « filent doux ».

La réalité

La motivation n'a pas forcément de rapport avec la manipulation. Au contraire. La motivation ne peut s'exprimer que dans le cadre d'une relation empreinte de fair-play et de crédibilité. S'il est incontestable que l'attitude de la direction exerce une influence importante sur la motivation du personnel, la clé du succès n'a rien à voir avec de quelconques combines. Les chefs ont bien plus intérêt à offrir à leurs collaborateurs les conditions nécessaires à leur développement.

Erreur n° 3 : L'argent est la meilleure motivation

Certains sont convaincus que l'argent est le moteur de la motivation. Un personnel bien payé donne le meilleur de lui-même. L'argent réveille les esprits fatigués. Les collaborateurs travailleurs et ambitieux redoublent d'efforts face à la promesse d'une augmentation. En bref : rien de tel que quelques billets de banque pour motiver son personnel.

➲ La réalité

C'est vrai qu'il n'est pas agréable d'apprendre que l'on serait mieux payé dans une autre entreprise. Mais, d'un autre côté, on s'habitue vite à un bon salaire.

Comment fonctionne la motivation ?

La motivation n'est pas innée. La motivation n'est pas une formule magique ni un phénomène inexpliqué. Nous allons vous montrer que le fait de se fixer des buts et de les atteindre dépend de plusieurs facteurs, qui influencent notre motivation et nos chances de succès.

Dans ce chapitre, vous apprendrez :
- quels facteurs agissent sur la motivation (p. 18),
- ce qu'est la motivation spécifique et dans quelles conditions elle peut naître (p. 20).

La motivation est le résultat d'un processus

Certains pensent que la motivation est une qualité innée, un trait de caractère qui serait acquis à la naissance à des degrés divers. Ils se trompent. Il n'est pas rare de voir des personnes bien payées limiter leurs performances au travail au « minimum syndical » tout en s'impliquant pendant leur temps libre avec beaucoup de dynamisme dans des activités apparemment moins importantes, et ce, sans contrepartie financière. Ce constat tord le coup à l'idée selon laquelle l'argent serait le principal moteur de la motivation professionnelle.

De nombreux facteurs influencent notre motivation

La motivation n'est pas une qualité, mais le résultat d'un processus. Si c'était une qualité, chaque individu afficherait toute sa vie durant la même motivation, de façon presque immuable. Pourtant, nous savons tous par expérience que la motivation est soumise à d'importantes fluctuations. La raison est à rechercher dans les différents facteurs qui influencent plus ou moins fortement notre motivation. Ces facteurs sont également interconnectés.

Il faut en outre y ajouter un facteur temps. Les circonstances du moment peuvent agir sur notre motivation de demain.

Par exemple, si vous vous rendez compte aujourd'hui que vos efforts sont payants, votre engagement dans vos futures activités s'en trouvera renforcé. On peut conclure de l'interdépendance et de l'imbrication dans le temps des facteurs que la force de la motivation est le fruit d'un processus.

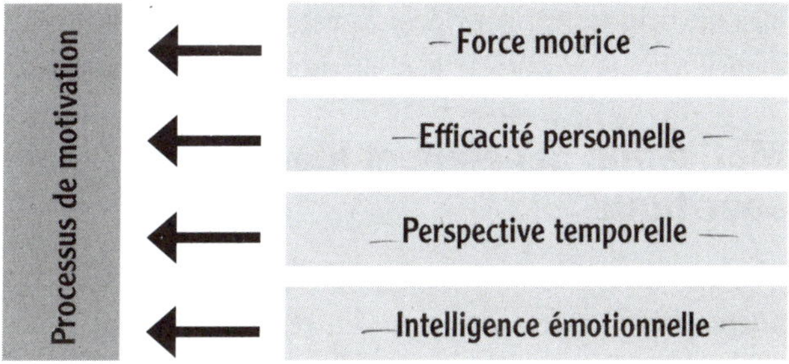

La motivation n'est pas une qualité, mais le résultat d'un processus complexe.

Le résultat du processus de motivation est conditionné par plusieurs facteurs :

- **La force motrice** : c'est notre ressort intérieur. Il est plus ou moins puissant selon notre état de tension.
- **L'efficacité personnelle** : il s'agit de la conviction, plus ou moins forte, de pouvoir mener sa vie selon ses désirs.
- **La perspective temporelle** : elle détermine les objectifs qui, selon la phase de la vie, l'éducation, etc., revêtent une importance plus ou moins grande pour l'individu.

- **Nos émotions** : en leur qualité de « consultants internes », elles peuvent nous conseiller dans nos décisions.

Tous ces facteurs sont imbriqués dans une structure mêlant volonté personnelle, compétences disponibles et conditions appropriées. C'est cette structure qui décide du succès ou de l'échec de nos entreprises.

Motivation générale et motivation spécifique

Certains brûlent avec l'intensité d'une bougie, d'autres avec celle d'un bec Bunsen. Autrement dit : il y a des gens qui possèdent une très grande force motrice leur permettant de mener de front plusieurs activités et d'autres qui, imperturbablement, peinent à s'activer. Manifestement, la motivation personnelle n'est pas la même pour tous.

On entend par motivation générale le désir de faire, d'atteindre ou d'obtenir quelque chose. En principe, ce désir se retrouve chez chaque être humain, quoiqu'à des degrés divers.

Une chose est sûre pourtant : chaque individu recèle en lui une certaine dose de motivation. Pour chacun d'entre nous, il existe des domaines, des désirs et des objectifs qui sont motivants. C'est ce qu'on appelle la motivation générale.

Votre motivation spécifique est décisive

Si elle n'est pas sans rapport avec la motivation générale, il convient toutefois d'en distinguer la motivation spécifique. Elle s'applique à des buts et des situations très concrets.

Exemple

Dans son travail, M. Rufus assure le minimum syndical. Il fait son travail correctement, mais sans entrain. Chaque jour, il quitte son poste à 17 heures pile. Si son chef cherche un collaborateur auquel confier une mission spéciale, M. Rufus refuse toujours. Il est déjà très occupé ! Lui que son travail ennuie terriblement a en effet un hobby, auquel il consacre énormément de temps : son association de jardins ouvriers. Et c'est avec beaucoup d'enthousiasme qu'il a accepté d'en rédiger les statuts.

La motivation spécifique est la raison pour laquelle une personne s'implique dans la réalisation d'un objectif donné. Elle est le fruit de l'importance subjective que la personne accorde à l'objectif, et détermine la persévérance et l'énergie qu'elle consacrera à sa réalisation.

Il n'est donc pas si facile de définir la motivation générale d'un individu – c'est-à-dire de répondre à la question de savoir si l'on a affaire à une « bougie » ou à un « bec Bunsen ». Il en va tout autrement de la motivation spécifique.

C'est par conséquent sur la motivation spécifique des individus qu'il faut s'interroger, car c'est le facteur décisif de l'engagement, c'est ainsi vrai, par exemple, dans le travail. Quelles sont les conditions qui doivent être réunies pour que les salariés « expriment » leur motivation spécifique dans l'entreprise qui les emploie ?

Conditions nécessaires à la motivation spécifique

Équilibre entre tension et détente

Tout matériau soumis à une tension permanente se fragilise et finit un jour par rendre l'âme. La résistance d'un matériau à la tension est limitée dans le temps.

Nous, les êtres humains, avons sur les objets un avantage formidable : nous pouvons nous régénérer. Si une forte sollicitation est suivie d'une phase de régénération, nous retrouvons toutes nos forces. Les performances sportives en sont le parfait exemple : s'il est en bonne santé, un athlète peut supporter des périodes de tension extrêmes et revenir encore meilleur à la saison suivante. Mais ce schéma ne peut fonctionner que si la détente et la régénération sont possibles et suffisantes.

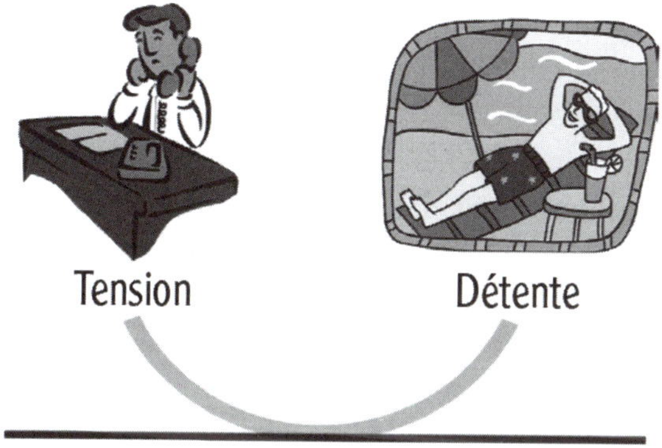

C'est l'équilibre entre la tension et la détente qui nous apporte l'énergie physique et psychique dont nous avons besoin. On peut apprendre à atteindre cet équilibre et ainsi à produire de plus en plus d'énergie.

La force avec laquelle vous vous impliquez dans une activité dépend de deux éléments : la motivation spécifique que vous investissez dans un but et le niveau d'énergie que vous pouvez mobiliser sur le plan physique et psychique pour atteindre ce but.

Indispensable : croire en sa propre force

Nous ne nous engageons que si le jeu en vaut la chandelle, si nos actes peuvent avoir un impact. Dans ce contexte, on parle du principe de l'efficacité personnelle ; chaque personne est plus ou moins convaincue d'être en mesure d'agir sur son environnement de manière à obtenir les résultats escomptés.

S'il existait une échelle de l'efficacité personnelle perçue, on trouverait deux perceptions extrêmes à chacune de ses extrémités. Celles-ci correspondent à deux visions du monde différentes, que nous pouvons décrire dans les hypothèses suivantes.

Hypothèse 1 : Je suis influencé par les circonstances

Les personnes entrant dans cette catégorie ne croient pas que leurs actes puissent avoir un quelconque impact. Elles croient plutôt aux chemins tracés d'avance et au destin. Pour elles, agir ne sert à rien.

Hypothèse 2 : Je crée les circonstances

Ces personnes pensent que les individus peuvent tout changer. Pour elles, la question n'est pas de savoir s'il faut agir ; seule la méthode détermine le succès ou l'échec.

Variantes de la manifestation de l'efficacité personnelle

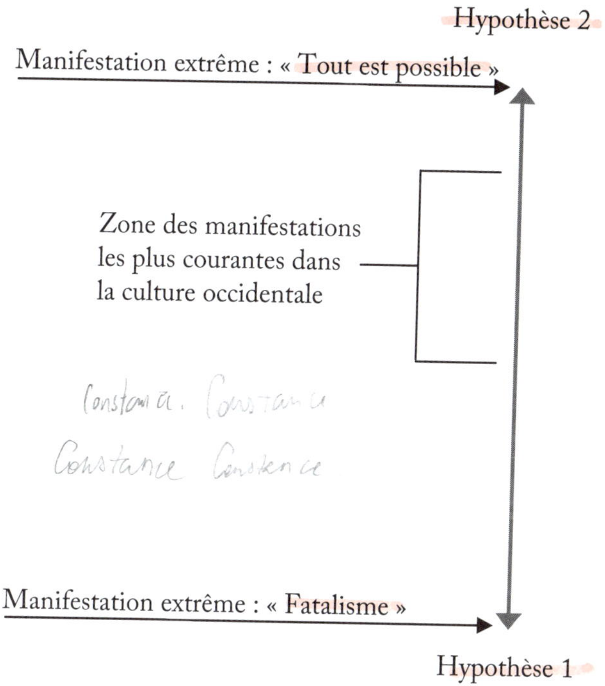

Entre ces deux hypothèses se trouve une échelle sur laquelle chacun a sa propre place.

Les individus qui répondent aux extrêmes décrits ci-dessus sont relativement rares. Chez la plupart des gens, les deux perceptions sont mêlées. Chaque personne a sa propre position sur l'échelle de l'efficacité personnelle.

Le processus décisionnel de l'engagement

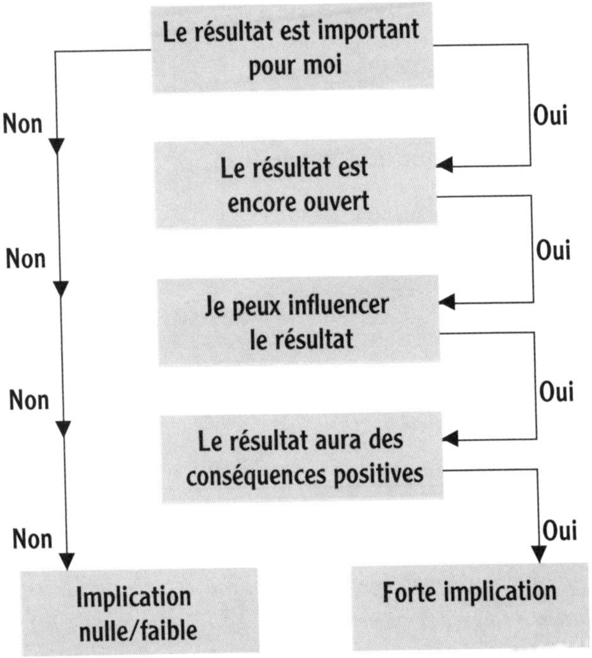

Prendre conscience de son efficacité personnelle impose de répondre positivement au troisième énoncé.

Plus on se rapproche de l'hypothèse 2, plus nombreuses sont les situations dans lesquelles on décide d'investir de l'énergie pour atteindre l'objectif que l'on s'est fixé. Un processus décisionnel se met en branle. On se décide pour ou contre un engagement personnel.

La question que vous devez vous poser est la suivante : jusqu'à quel point êtes-vous convaincu de pouvoir agir sur votre environnement de manière que les choses évoluent dans votre sens ?

> **Les personnes qui réussissent croient fermement pouvoir influencer le cours des événements. Elles sont convaincues de leur efficacité personnelle.**

La raison et l'instinct main dans la main

Les émotions jouent un rôle crucial sur le terrain de la motivation. Imaginez que vous deviez sans cesse lutter contre vos sentiments. Vous seriez démotivé au plus haut point ! À l'inverse, il est très stimulant de pouvoir agir en harmonie avec ses émotions.

La fameuse séparation entre raison et sentiment ne peut pas être satisfaisante sur la durée. Seule l'interaction entre la raison et les émotions permet d'être efficace.

L'intelligence émotionnelle, un facteur de succès

Dans le passé, on pensait que seule la capacité d'analyse et d'abstraction, les compétences commerciales et une grande intelligence générale pouvaient emmener une entreprise sur la voie de la rentabilité. De récentes études ont cependant montré que c'était plutôt entre l'intelligence émotionnelle et le succès qu'il fallait établir un rapport.

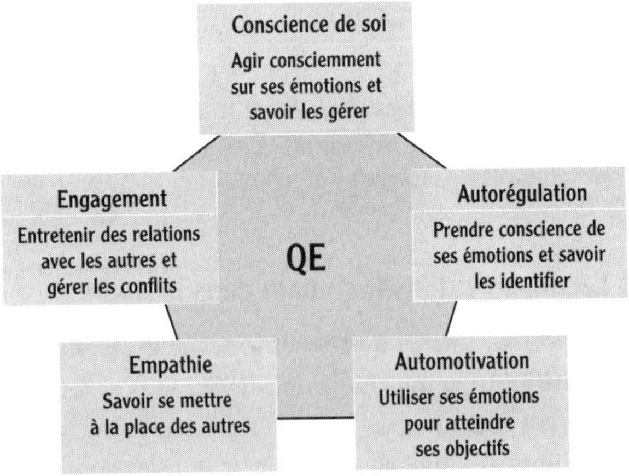

Les composantes de l'intelligence émotionnelle

Dans le cadre du concept d'« intelligence émotionnelle », aujourd'hui unanimement reconnu, les émotions sont considérées comme des conseillers de premier plan. Si l'on tient compte des messages que nous envoient nos propres sentiments et les sentiments des autres, nos décisions et nos actions gagnent en cohérence et deviennent un gage de succès à long terme.

Le schéma suivant montre clairement les perceptions, les réflexions, mais aussi les facultés, qui peuvent être imputées à l'intelligence émotionnelle.

La perspective temporelle - La clé de nos objectifs

Selon notre âge, les expériences vécues, mais aussi notre éducation et d'autres facteurs, nous avons tendance à nous focaliser plus fortement sur certaines phases de notre vie.

- Les personnes tournées vers le passé regardent fréquemment en arrière. Le présent et l'avenir sont en permanence évalués à l'aune de critères passés. Elles sont généralement insatisfaites, car leur référence suprême – « à l'époque » – surclasse tout le reste. Quand on est très tourné vers le passé, il est donc extrêmement difficile de se fixer des objectifs.
- Les personnes tournées vers le présent sont généralement satisfaites et ne se font guère de souci pour l'avenir. Elles s'efforcent de relever les défis auxquels elles sont confrontées au jour le jour. Elles ont hâte

que leurs souhaits se réalisent. Aussi se fixent-elles des buts qui sont relativement faciles à atteindre.

- Les personnes tournées vers l'avenir peuvent supporter des privations pour poursuivre des objectifs à long terme. Elles savent attendre la récompense – elles partent du principe que les fruits que porteront demain leurs actions d'aujourd'hui valent la peine qu'elles se donnent.

Les perspectives temporelles évoluent dans le temps

Cela ne veut pas dire pour autant que les personnes tournées vers l'avenir sont des ascètes, que celles tournées vers le présent sont des hédonistes et que celles tournées vers le passé sont dépressives. Là encore, chacun adopte des perspectives temporelles différentes selon le domaine de la vie. En d'autres termes, chaque individu porte en lui les trois perspectives temporelles, qui évoluent aussi avec le temps.

Il peut par exemple arriver qu'une personne ait des projets d'avenir bien précis dans sa vie privée (nombre d'enfants, habitation, etc.), tandis qu'elle préférera laisser le cours des choses décider de sa vie professionnelle (« On verra bien ce qui arrivera »), ou exactement le contraire. Ce qui est crucial, c'est la perspective temporelle qui est adoptée selon le domaine de la vie. Notre perspective temporelle psychologique détermine également notre capacité à nous fixer des objectifs à plus ou moins long terme.

Les capacités ont besoin d'espace pour s'exprimer

Il ne fait aucun doute que la motivation est un facteur clé de la réussite. Mais attention ! Les succès ne naissent pas de la seule volonté. Déceptions et reproches personnels injustifiés sont au rendez-vous si vous pensez que vous pourrez atteindre vos objectifs en vous appuyant uniquement sur votre volonté.

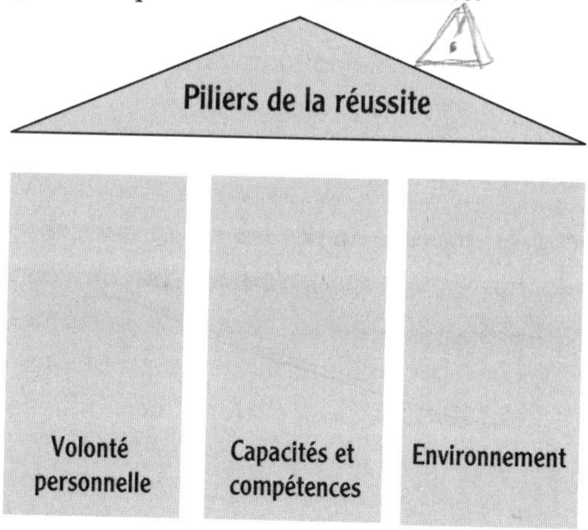

La réussite ne dépend pas seulement de votre motivation, mais aussi de vos capacités et de vos compétences. Autre facteur déterminant : l'environnement dans lequel vous vous trouvez. S'il est vrai que vous pouvez agir en partie sur ce dernier, il doit cependant préexister un cadre dans lequel vous puissiez vous épanouir. « Volonté », « Capacité » et « Liberté », c'est ainsi que le philosophe Reinhard K. Sprenger définit ces trois piliers de la réussite.

Volonté personnelle

Le premier pilier de la réussite est la capacité de se motiver soi-même, de concentrer sa volonté personnelle sur des objectifs attrayants et stimulants, en ne cessant de s'encourager soi-même.
Il incombe donc à chaque individu de se motiver lui-même.

Capacités et compétences

Pour être en mesure de poursuivre et de réaliser des objectifs, il nous faut généralement certaines connaissances et compétences, car la seule volonté ne nous donne pas la capacité de résoudre les problèmes et de trouver des solutions. Les performances plus exceptionnelles requièrent un certain talent.

> **Il incombe à chaque individu de veiller à développer ses propres capacités et compétences.**

Environnement

Le troisième pilier de la réussite est l'environnement. Malgré la volonté et les capacités, on ne parvient pas à atteindre ses objectifs dans toutes les situations. L'environnement contribue toujours à notre échec ou à notre succès.

Certaines entreprises offrent les conditions qui permettent à leurs collaborateurs de s'épanouir pleinement. Dans d'autres, à l'inverse, les salariés n'ont pas la possibilité de s'engager autant qu'ils le souhaiteraient.

Il incombe à chaque individu soit d'influencer positivement son environnement, soit de trouver un « terrain de sport » proposant des règles du jeu favorables, qui contribueront à la réalisation de ses objectifs.

Check-list : Réunissez-vous les ingrédients du succès ?

Les questions posées dans la liste suivante vous permettront de déterminer si vous réunissez les principaux ingrédients de la réussite. Notez vos réponses et vérifiez les résultats.

Motivation spécifique

- Avez-vous des objectifs très concrets, que vous poursuivez avec ténacité ?

-5Kg , LONDON non

- Quels sont ces objectifs ?

Efficacité personnelle

- Pensez-vous pouvoir faire bouger les choses ?

oui

- Selon vous, quel est votre degré d'influence sur la réalisation de vos objectifs ?

90% 60%

Intelligence émotionnelle

- Êtes-vous à l'écoute de vos sentiments ?

pas TJS

- L'objectif est-il réalisable ?

oui

- Nourrissez-vous des doutes, des angoisses, des réserves ?

oui

- Êtes-vous positif ?

oui/non

- Vos sentiments sont-ils mitigés ?

oui

- **Qu'est-ce que cela implique pour vous-même et la réalisation de vos objectifs ?**

[illegible]

Tension et détente

- **Faites-vous attention à maintenir un équilibre entre tension et régénération ?**

oui

- **Vous sentez-vous raisonnablement sollicité ou avez-vous parfois l'impression d'être vidé ?**

vidé

Capacités et compétences

- **Quelles capacités et compétences utiles à la réalisation de vos objectifs possédez-vous ?**

AUTONOMIE - PERSEVERANCE
humilité - survival mode -

- **Devez-vous vous améliorer dans certains domaines ? Que pouvez-vous faire concrètement pour y parvenir ?**

confiance - organisation

Environnement professionnel

- **Votre environnement vous permet-il de vous épanouir ?**

NON. oui

- **Dans la négative, que pouvez-vous y changer ?**

PARTIR

- **Un nouvel emploi pourrait-il être une solution ?**

RP - BUREAU -> CREATIF

non

Le chemin vers la réussite personnelle

Trop de théorie à votre goût ? Passez à la pratique ! Dans ce chapitre, nous vous donnons des conseils pratiques pour vous pencher sur votre propre personne de manière constructive : les premiers pas vers la concrétisation de vos idéaux et de vos objectifs.

Dans ce chapitre, vous apprendrez à :

- identifier votre conception de la vie, vos champs d'action et vos objectifs (p. 38)
- vous motiver vous-même (p. 56)
- utiliser et à développer vos forces (p. 59)
- adopter un point de vue positif sur le monde (p. 65)
- vous régénérer avant de dépasser vos limites (p. 72)

Votre conception de la vie, vos champs d'action et vos objectifs

Sans idéal vers lequel tendre, dans lequel croire, que l'on veut concrétiser, il n'y a aucune raison de se donner du mal.

ERICH FROMM

Nos idéaux sont à la fois un guide et une source de motivation. Ils donnent un sens à nos actes. Dans ce contexte, « rêver » ne signifie aucunement fuir la réalité. Quand il s'agit de notre avenir, rêver, c'est imaginer un idéal qui soit aussi stimulant que réaliste. Cela veut dire identifier les objectifs que nous pouvons poursuivre et pourquoi ces objectifs sont si importants à nos yeux.

Quels sont vos idéaux ?

Découvrez dans les pages suivantes ce qui vous motive et vous stimule, quels sont pour vous les objectifs qui valent la peine d'être poursuivis. Chaque individu a la capacité de se motiver lui-même – encore faut-il savoir pour quoi. Se fixer des objectifs clairs est donc la première étape du processus de motivation personnelle.

Pour cette étape, vous devez prendre tout votre temps. Pour parler de façon imagée, vous devez d'abord vous placer dans la bonne direction avant de vous engager sur le chemin de la réalisation d'un objectif. Les objectifs possibles sont innombrables et il faut faire un choix. C'est par ce choix qu'il faut commencer. Ne vous jetez pas sur le premier objectif venu, réfléchissez à ce qui vous tient vraiment à cœur. Nous vous aidons à le découvrir dans les pages suivantes.

Découvrez votre conception personnelle de la vie

Nous portons tous en nous certaines perceptions sur la manière de conduire notre vie. Dès le plus jeune âge, les idéaux, les valeurs et les rêves se mêlent pour forger l'image d'une vie idéale. La plupart des enfants veulent être pompiers, ce qui illustre le système de valeurs qui nous influence à cet âge. Nous y associons la reconnaissance sociale, l'altruisme, le courage, etc. Mais le pompier s'efface généralement avec l'âge. L'image se nuance à mesure que nous nous frottons à des influences extérieures, que des désirs naissent en nous, que des idéaux se font jour dans notre vie.

Chacun peut esquisser sa propre conception de la vie. Les personnes auxquelles le succès sourit ont souvent une image très précise de leur conception personnelle de la vie.

Il n'est pas possible de définir la réussite, car elle a une signification différente pour chaque individu (même si les normes sociales façonnent évidemment la vision que la plupart d'entre nous en ont).

> **La réussite personnelle, c'est connaître et réaliser sa propre conception de la vie.**

Qu'est-ce qui caractérise la conception personnelle de la vie ?

- Elle prend sa source dans les motifs personnels – le système individuel de désirs, rêves et idéaux.
- Elle représente la manière dont les motifs personnels prennent corps, c'est-à-dire la manière concrète et réalisable dont on souhaite matérialiser ces motifs.
- Elle est le guide qui oriente nos actes.
- Elle est l'échelle qui nous sert de référence dans nos actes.

Le jeune homme de notre exemple n'hésite pas à décrire son rêve avec précision. Celui-ci englobe plusieurs domaines de la vie : la carrière, la famille, le réseau social, ainsi que des souhaits très personnels.

De nombreuses décisions sont beaucoup plus faciles à prendre quand on connaît sa conception personnelle de la vie. Il ne s'agit pas de l'inventer de toutes pièces, mais de la laisser « sortir de nous ».

Exemple

Un maître artisan de 28 ans décrit son idéal de vie : « Mon travail actuel me plaît beaucoup. Je gagne assez d'argent pour me faire des petits plaisirs. Mais je voudrais être vraiment indépendant. Je vais bientôt me mettre à mon compte et me spécialiser dans un domaine que je connais. Je sais que ça peut marcher, car j'ai déjà parlé à des clients potentiels qui m'ont conforté dans mon projet. J'aurai moins de temps pour ma famille au début, mais je pourrai très vite leur offrir une plus belle maison. Nous pourrons enfin construire sur le terrain que nous avons acheté. Je vois déjà ma petite fille jouer dans le jardin avec le chien. Nous pourrons aussi recevoir nos amis. Je pourrai enfin faire du sport et pratiquer mon hobby. Cette image intérieure me dit : « ça vaut le coup. »

Fiche de travail : Ma conception de la vie

Présentez en cinq ou six phrases votre conception de la vie. Répondez pour ce faire aux questions suivantes :

Comment est-ce que je veux vivre ?

Je

Quelle place occupe le travail dans ma vie ?

Comment pourrais-je décrire les caractéristiques de mon futur métier ?

De quels réseaux sociaux ai-je envie de faire partie ?

Vos champs d'action et vos rôles

À partir de votre conception de la vie, vous devez ensuite définir les champs d'action correspondants, dans lesquels vous occupez des rôles (généralement plusieurs).

Un champ d'action est un domaine donné de la vie, par exemple « famille et amis » ou « travail ». Un rôle est une place donnée que nous occupons à l'intérieur d'un domaine de vie. Nous occupons tous plusieurs rôles.

Pour le maître artisan de notre exemple (p. 41), les rôles dans le domaine de vie « famille et amis » sont par exemple les suivants : ami, partenaire de sport, époux, père, conseiller.

En définissant votre conception personnelle de la vie, dans laquelle se retrouvent les principales facettes de la vision que vous en avez, vous pourrez facilement identifier les champs d'action qui sont importants à vos yeux.

Concentrez-vous sur les champs d'action et les rôles importants

Vous constaterez que certains champs d'action se recoupent, car les rôles qu'ils englobent peuvent former des doublons.

Ainsi, il peut être difficile de savoir si un collègue avec lequel on s'est lié d'amitié est un ami ou un collègue. Mais cette distinction n'est pas nécessairement utile.

Ce qui importe, c'est de découvrir les champs d'action qui sont importants à vos yeux et les rôles que vous voulez y tenir. Le schéma de la page suivante vous donne une idée des champs d'action possibles d'une personne.

Champs d'action possibles d'une personne

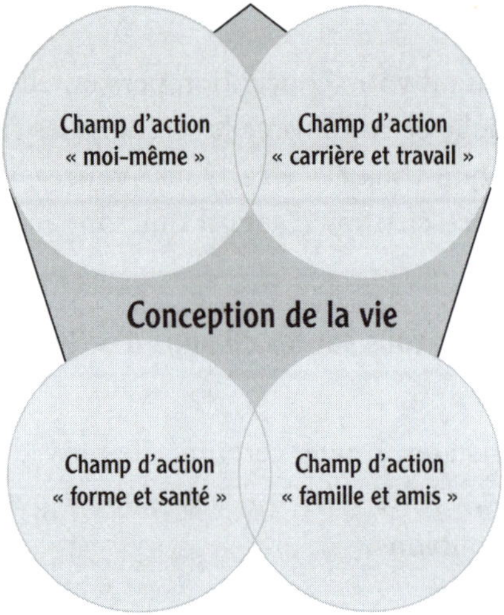

Les champs d'action d'une personne : les idéaux et les rêves ne sont pas encore tous représentés.

➲ Soyez en harmonie avec vos champs d'action

Bien sûr, les différents champs d'action ne reflètent pas tous vos rêves et idéaux. Chaque champ d'action coïncide en partie avec vos idéaux, tandis que d'autres zones du même champ d'action ne sont absolument pas en harmonie avec vos désirs. Dans votre travail, par exemple, il y a des choses que vous appréciez et d'autres auxquelles vous pourriez très facilement renoncer.

Sur l'illustration, les souhaits se situent dans la zone grisée de la conception de la vie. Il y a aussi les inconvénients, c'est-à-dire tout ce que vous ne désirez pas, mais qui en fait quand même partie : sur l'illustration, ils correspondent aux zones situées en dehors de la conception de la vie, mais à l'intérieur d'un champ d'action.

Pour concrétiser notre conception de la vie, il n'y a qu'une chose à faire :

- être en harmonie avec les champs d'action importants
- et se débarrasser du plus grand nombre possible d'« effets secondaires indésirables » ou, au moins, ne plus en avoir une vision si négative.

Pour poursuivre sur notre illustration, cela signifie faire correspondre les cercles au pentagone de manière que le moins de surface possible en dépasse.

Que se passerait-il si on parvenait réellement à couvrir toute la surface du pentagone, c'est-à-dire à atteindre notre idéal de vie ? Cette situation n'est souhaitable pour personne : il n'y aurait alors plus aucun objectif à poursuivre et ce serait l'immobilisme.

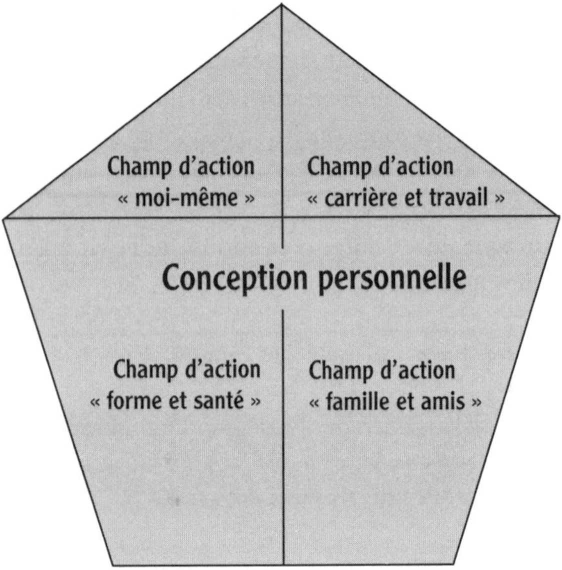

Tous les aspects et les objectifs de la conception personnelle sont satisfaits. Mais c'est un état qui ne se réalisera jamais – ce qui nous préserve de l'immobilisme.

➲ Exercice : Définissez vos champs d'action et vos rôles

1. Prenez une feuille de papier. Réfléchissez aux champs d'action et aux rôles que vous envisagez pour vous-même. Il n'est pas nécessaire de

procéder de manière systématique pour le moment. Notez simplement tout ce qui vous passe par l'esprit.

2. Organisez maintenant la liste : parmi les idées que vous avez notées, lesquelles relèvent des champs d'action (par exemple, « famille ») et lesquelles appartiennent à la catégorie des rôles (par exemple, « père ») ?

3. Complétez ensuite la fiche de travail « Classer les rôles ». Faites en sorte que tous les rôles soient affectés à un champ d'action. Si certains rôles peuvent être classés dans plusieurs champs d'action (par exemple, le rôle « ami » dans le contexte professionnel et familial), inscrivez-le dans tous les champs d'action concernés.

4. Pour finir, comparez la liste avec votre conception de la vie. Les champs d'action et les rôles que vous avez définis devraient, au moins implicitement, refléter votre conception personnelle de la vie.

Fiche de travail : Classer les rôles

Mes champs d'action	Mes rôles

Définissez vos objectifs personnels

Pour être motivé, il faut avoir des objectifs. En fixant vous-même vos objectifs, vous profitez d'un avantage de taille : vous pouvez vous concentrer sur les objectifs que vous voulez réellement suivre. Personne en dehors de vous-même ne choisit les objectifs que vous vous fixez – contrairement aux objectifs décidés entre vous et votre entreprise.

C'est évidemment aussi à vous de contrôler la réalisation des objectifs, de vous récompenser ou de vous stimuler. Cela requiert une certaine autodiscipline et la capacité de savoir se féliciter soi-même.

Vous avez défini vos champs d'action personnels, qui accueillent les objectifs importants à vos yeux.
Rappelez-vous de l'image sur laquelle les cercles représentaient les domaines de la vie et le pentagone symbolisait votre conception idéale de la vie (p. 44). Visualisez à présent les domaines de votre vie afin d'avoir une image claire de la répartition de vos objectifs et de vos ressources. Les chevauchements entre les différents domaines de la vie apparaissent clairement, ce qui vous permet d'en tenir compte dans la formulation de vos objectifs.

Pour cet exercice, vous devez :
- prendre votre temps,
- ne pas être dérangé,
- ne pas vous laisser trop influencer par les circonstances actuelles affectant un domaine donné,
- ne pas confondre champs d'action et rôles.

Exercice : Définissez vos objectifs

1. Prenez une feuille de papier et un crayon.
2. Donnez à votre conception de la vie la forme de votre choix, par exemple un pentagone.
3. Sur cette forme, tracez des surfaces symbolisant les domaines de votre vie. Ce faisant, pensez aux champs d'action et aux rôles que vous avez précédemment définis. Dessinez des surfaces de taille différente afin de les hiérarchiser : plus une surface est grande, plus le domaine correspondant est important.
4. Utilisez un crayon à papier afin de pouvoir apporter des modifications à votre dessin jusqu'à ce que l'image obtenue vous corresponde.
5. Dessinez aussi les chevauchements que vous considérez possibles ou que vous percevez.
6. Soyez honnête avec vous-même. Ne vous laissez pas influencer par les attentes de votre entourage ni par les normes sociales.

L'image que vous avez dessinée vous donne une indication des objectifs que vous devriez vous fixer. Plus vous êtes prêt à consacrer du temps et de l'énergie à un domaine, plus vous pouvez vous fixer d'objectifs relevant de celui-ci. Aussi simple que cela puisse paraître, c'est pourtant essentiel : beaucoup de gens se fixent trop d'objectifs pour finalement se sentir dépassés et frustrés. D'autres, au contraire, ne peuvent jamais se rapprocher de leur idéal de vie, car ils se fixent trop peu d'objectifs dans trop peu de domaines.

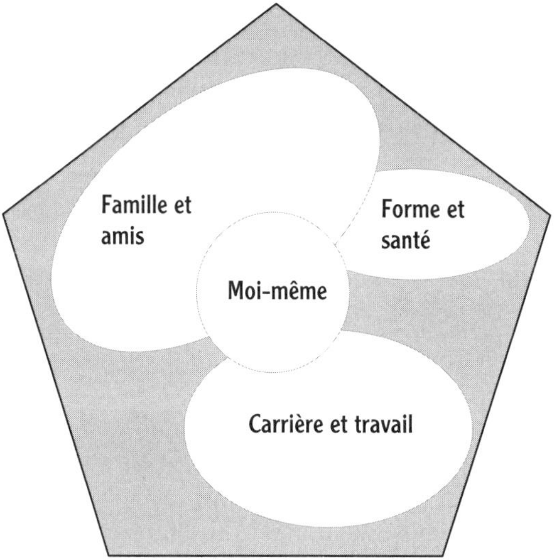

Vous pouvez hiérarchiser les domaines de votre vie.

Les règles de formulation des objectifs

Exemple

Notre artisan (p. 41) pourrait formuler comme suit ses objectifs pour les cinq à sept prochaines années :

Objectif 1 : Je voudrais être à mon compte dans trois ans.

Objectif 2 : Dans cinq à sept ans, je voudrais que ma petite entreprise fasse un chiffre d'affaires de 100 000 euros.

Objectif 3 : Je voudrais emménager dans une nouvelle maison avec ma famille au plus tard à cette date.

Objectif 4 : Pendant ce temps, je voudrais m'occuper le plus possible de ma santé et continuer à pratiquer régulièrement du sport. Mon objectif est de participer à un semi-marathon.

Objectif 5 : Pour ne pas négliger mes amis, je me fixe comme objectif d'organiser une fois par an l'un de nos séjours escalade « traditionnels ».

À partir de votre dessin, vous pouvez maintenant définir les objectifs que vous souhaitez vous fixer. En formulant vos objectifs, veillez à respecter les règles suivantes :

- Plus vous voulez consacrer du temps et de l'énergie à un domaine, plus vous pouvez vous fixer d'objectifs distincts dans ce domaine.

- Plus vous vous êtes projeté dans l'avenir en faisant l'exercice, plus vous pouvez vous fixer d'objectifs au total.

- Faites attention à ne pas vous fixer un trop grand nombre d'objectifs. Si, par exemple, vous avez prévu vos objectifs sur une période de dix ans, limitez-vous à dix au maximum, leur nombre n'étant bien entendu pas définitif.

La liste des objectifs possibles est illimitée. Si vous voulez pouvoir vous motiver pour les objectifs que vous vous fixez, ceux-ci doivent toutefois remplir certaines caractéristiques.

➲ Check-list : Caractéristiques des objectifs

• **Réalistes**	Fixez-vous des objectifs que vous pouvez réellement atteindre par vos propres moyens.
• **Stimulants**	Fixez-vous des objectifs qui vous stimulent.
• **Intéressants**	Fixez-vous des objectifs dont la réalisation est intéressante à vos yeux. Celle-ci doit s'accompagner de conséquences agréables.

• **Mesurables**	Les objectifs doivent être mesurables. À cet effet, il faut que les délais et les conditions soient formulés de manière claire.
• **Importants**	Les objectifs doivent être importants pour vous-même. Ils ne peuvent donc se rapporter qu'à un domaine de la vie et à un rôle qui vous sont chers.

Formulez vos objectifs en respectant ces règles. Aidez-vous pour ce faire des domaines de la vie que vous avez définis en faisant correspondre les objectifs aux rôles que vous occupez à l'intérieur de ces domaines.

Pour chaque objectif, notez les critères concrets sur la base desquels vous pourrez « mesurer » ultérieurement sa réalisation.

Fiche de travail : Formulation des objectifs

Mes rôles	Mon objectif	J'aurai atteint mon objectif quand…

Les clés du succès de la motivation personnelle

Nous savons tous combien il est difficile de se remotiver sans cesse. Sur les pages suivantes, nous vous présentons des techniques qui vous aideront à poursuivre vos objectifs avec ténacité et détermination, dans une perspective à long terme.

L'engagement envers soi-même

L'un des préalables nécessaires à la motivation personnelle est l'engagement pris envers soi-même de s'attacher à la réalisation des objectifs que l'on s'est fixés. L'engagement est l'obligation que l'on s'impose à soi-même de poursuivre certains objectifs avec dévouement, que ce soit ceux de son entreprise ou les siens propres.

Un individu sera fortement engagé s'il éprouve un profond besoin intérieur de s'investir, s'il associe un intérêt personnel à l'objectif et s'il engage sa responsabilité personnelle dans sa réalisation.

Prendre des décisions réfléchies

Pour savoir ce que nous voulons, nous disposons de critères de décision clairs. Malgré tout, il est souvent difficile de prendre une décision. Il arrive fréquemment que des conflits d'objectifs viennent brouiller les pistes. L'engagement envers soi-même est à cet égard un précieux outil. Si vous vous êtes sérieusement engagé dans la réalisation d'un objectif, vous serez obligé d'en mettre d'autres entre parenthèses, voire d'y renoncer. Vous devrez donc prendre une décision réfléchie.

Votre conception de la vie est votre référence

Au cours des séances de coaching et autres entretiens de conseil revient très fréquemment la question de savoir sur la base de quels critères ces décisions – qui, parfois, débouchent sur de profonds bouleversements – doivent être prises.

S'il est compréhensible de rechercher une recette miracle qui pourrait nous aider à prendre nos décisions, elle n'existe malheureusement pas. Le seul critère qui vaille en l'espèce, c'est vous-même ! Votre conception de la vie, votre perception de la conduite de votre vie – ce sont sur ces critères que vous devez vous appuyer.

Les décisions sont une chance

Il vous faut donc déterminer dans quelle mesure la décision que vous devez prendre aura une incidence sur vos différents objectifs. Bien sûr, il vous arrivera régulièrement de devoir prendre des décisions qui vont à l'encontre des objectifs poursuivis. Il n'y a toutefois aucun regret à avoir.

- Être en mesure de prendre des décisions est synonyme de liberté. Ne pas vouloir se décider, c'est renoncer à cette liberté.
- L'embarras du choix n'existe pas. Seul existe le privilège de pouvoir choisir.
- Si vous ne prenez pas la décision vous-même, ce sont les autres ou les « circonstances » qui décideront pour vous – et pas toujours dans le sens souhaité.

Questions à se poser face aux décisions difficiles

- Quels domaines de votre vie sont concernés par la décision ?
- Quels avantages présentent les différentes options ?
- Ces avantages sont-ils certains ou *possibles* ?
- Quels « coûts » et inconvénients sont à prévoir ?
- Ces inconvénients sont-ils certains ou pensez-vous seulement qu'ils *pourraient* se réaliser ?
- Dans quelle mesure les différents domaines de votre vie seront-ils affectés par les conséquences négatives ?
- Est-il possible de compenser, de reporter ou de reformuler les objectifs de ce domaine ?
- Imaginez que vous avez pris la décision. Que ressentez-vous ? Vos émotions – vos conseillers intérieurs – sont-elles « d'accord » ? Dans la négative, vous devez impérativement reconsidérer la situation !

Exemple

Notre maître artisan (p. 41) se trouve face à la décision de devoir choisir entre le statut d'indépendant et le salariat. Les deux options ont leurs inconvénients et leurs avantages. Il se décide finalement pour le statut d'indépendant, qui, selon lui, offre une plus grande liberté personnelle. De plus, il y voit une chance de mieux gagner sa vie. Il pourrait ainsi réaliser plus vite son objectif « acheter une maison pour sa famille ». Il a bien sûr conscience des risques, mais il choisit de s'en accommoder, parce que les objectifs qu'il s'est fixé sont très stimulants à ses yeux. Il se sent bien à l'idée de prendre son avenir en main – c'est-à-dire que ses émotions « sont au diapason ».

Comment utiliser et développer vos forces

Pour atteindre un objectif, la motivation seule ne suffit pas. Nous devons aussi mobiliser nos capacités, nos connaissances et nos compétences.

La réalisation des objectifs que l'on se fixe requiert un certain nombre de qualifications, qu'il est indispensable d'étoffer au fil du temps. Au bout du compte, votre succès ou votre échec dépend des moyens que vous vous donnez vous-même pour atteindre vos objectifs. Comment mettre toutes les chances de votre côté ?

Le modèle des compétences

Nous possédons tous de nombreuses capacités et compétences, qui se recoupent souvent (par exemple, l'aptitude au travail en équipe est étroitement liée aux capacités de communication). Pour mieux connaître votre profil, il vous sera utile d'identifier et de décrire avec précision vos différentes capacités et compétences. Le modèle suivant a fait ses preuves dans la pratique. Il distingue quatre domaines de compétence :

- **Compétences professionnelles** : capacités et connaissances qui se rapportent directement à l'exécution des tâches professionnelles.
- **Compétences méthodiques** : dans une situation complexe et face à une décision, capacité à élaborer ou aboutir à des solutions qui permettent d'atteindre l'objectif.
- **Compétences sociales** : compétences qui permettent d'agir de manière appropriée dans les situations sociales (par exemple, négociations ou autres entretiens dans les situations de leadership).
- **Compétences personnelles** : qualités personnelles qui, globalement, influent positivement sur la réussite (par exemple, résistance, sens de la responsabilité, conscience de l'efficacité personnelle).

Exemple

Notre maître artisan se demande quelles compétences il devrait acquérir pour atteindre ses objectifs. Comme son principal objectif du moment est de se mettre à son compte, il réfléchit à ses besoins en matière de développement personnel. Il en arrive aux conclusions suivantes :
Objectif : « Je voudrais être à mon compte dans trois ans. »

Compétences nécessaires	Méthodes de développement personnel
Compétences professionnelles :	
• Bases de la gestion d'une entreprise artisanale (droit, obligations sociales, contrats, situation du marché, honoraires, etc.)	– Assister au séminaire « Création d'entreprise » – Observer les autres entreprises artisanales dans le contexte actuel du point de vue des campagnes promotionnelles, des prix, etc.
Compétences méthodiques :	
• Mener des négociations • Résoudre les conflits sur les chantiers	– Consolider l'expérience dans le poste actuel, gérer les conflits de manière active – Parler de la question des négociations avec le chef actuel – Lire la littérature spécialisée
Compétences sociales :	
• Savoir convaincre les autres de ses propres compétences • Relation avec les partenaires commerciaux, conduite d'entretiens dans des situations diverses	– Lire la littérature spécialisée – Se former à la communication et assister à une conférence sur le sujet
Compétences personnelles :	
• Persévérance, capacité à la motivation personnelle, autodiscipline	– Contacts réguliers avec des créateurs d'entreprise qui ont réussi

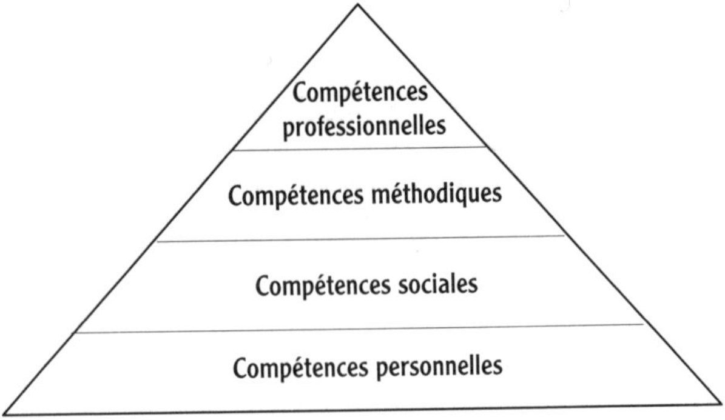

Domaines de compétence d'un individu

Vos compétences personnelles

À votre tour maintenant : réfléchissez aux capacités et compétences dont vous avez besoin pour réaliser vos objectifs à l'aide de la fiche de travail suivante. Associez vos objectifs aux compétences nécessaires.

Fiche de travail : De quelles compétences ai-je besoin pour réaliser mes objectifs ?

Objectif
Compétences professionnelles

Compétences méthodiques
Compétences sociales
Compétences personnelles
Compétences professionnelles
Votre plan de développement personnel

L'étape suivante consiste à élaborer votre plan de développement personnel. C'est vous qui en êtes responsable. Vous vous connaissez parfaitement et savez

quels objectifs vous voulez atteindre – vous êtes donc la personne la mieux placée pour savoir quelles méthodes choisir. Le tableau suivant présente les méthodes adaptées au développement des différents domaines de compétence.
Chacun a ses propres centres d'intérêt. Parmi les nombreuses possibilités qui vous sont offertes, choisissez celles qui vous conviennent.

Exemples de méthodes de développement personnel

Domaine de compétence	Méthodes de développement
Compétences professionnelles	Littérature spécialisée, apprentissage par la pratique, programme de mentorat, formation assistée par ordinateur
Compétences méthodiques	Formation en entreprise, formation aux méthodes de travail, rotation des postes, enrichissement des tâches, etc.
Compétences sociales	Formation comportementale, réflexion personnelle sur le comportement, méthodes de feed-back, formation en développement d'équipes, coaching
Compétences personnelles	Coaching, apprentissage par la pratique, réflexion personnelle sur les émotions

Votre plan de développement personnel doit :

- être réaliste,
- être stimulant,
- prévoir des récompenses motivantes,
- se rapporter à des objectifs mesurables.

Soulignons une chose importante : les compétences situées dans la partie inférieure de la pyramide des compétences sont les plus longues et les plus difficiles à développer. Les compétences professionnelles peuvent être acquises relativement rapidement, par exemple à l'aide de la littérature spécialisée, alors que le développement des compétences sociales demande beaucoup plus de temps.

Votre plan de développement personnel n'est pas seulement un moyen de parvenir à vos fins, mais aussi la « carte » de la route menant à vos objectifs. Il vous permet de vérifier régulièrement votre progression sur cette route.

Positivez

Ces dernières années, on a beaucoup écrit et débattu sur la pensée positive. Selon nous, la pensée positive, ce n'est pas voir la vie en rose. Cela ne mènerait à rien d'autre qu'à la déception et la frustration. Un jour ou

l'autre, on est tous confrontés à des situations difficiles ou des revers de fortune – et nier la réalité ne sert à rien dans ce cas.
Nous entendons par pensée positive un point de vue ouvert, actif et réaliste sur le monde. Pour nous, penser positivement signifie renforcer ses a priori positifs et lutter contre ses a priori négatifs. Les a priori sont des visions que l'on a du monde qui nous entoure. Ils peuvent influencer aussi bien positivement que négativement notre perception, et donc notre capacité à agir.

Renforcez vos a priori positifs

Les a priori positifs qui nous motivent sont la quête de sens, l'optimisme, l'énergie et le sens des réalités. Mettez à profit les accélérateurs décrits ci-après pour renforcer vos a priori positifs.

A priori positif « Quête de sens »

Vous êtes convaincu que vos actes ont un sens. Ce que vous faites en vaut la peine. Vous avez une vision globale. Il vous est donc facile de vous motiver.
- Vous avez des projets à long terme.
- Vous veillez à maintenir un certain équilibre entre vos objectifs.
- Vous maintenez votre point de vue et gardez le cap de vos activités.

- Vous avez toujours un objectif sur lequel concentrer votre énergie.
- Vous utilisez vos valeurs et vos objectifs personnels comme jalons.

Accélérateurs :

- « J'ai des objectifs que je veux atteindre. »
- « Je sais ce que je veux et pourquoi je le veux. »
- « Mes actes et mes pensées sont conformes à mes valeurs et à mes objectifs. Je peux me regarder dans un miroir. »

A priori positif « Optimisme »

- Vous adoptez une attitude optimiste. Vous pensez pouvoir influencer les choses positivement par vos actes. De cette croyance témoignent :
  - votre volonté de saisir votre chance,
  - un mode de pensée productif et constructif,
  - votre capacité à aller vers les autres de manière ouverte et confiante.

Accélérateurs :

- « J'adopte sur le monde un point de vue positif et je veux le changer. »
- « Je crois que les choses peuvent évoluer dans mon sens si je m'en donne la peine. »

A priori positif « Énergie »

- Vous vous sentez actif, plein d'entrain. Vous allez jusqu'au bout de vos objectifs.
- Vous ressentez une tension positive.
- Vous savez quand et comment vous détendre.

Accélérateurs :
- Alimentation saine.
- Sport.
- Équilibre entre tension et détente.

A priori positif « Sens des réalités »

- Vous vous en tenez aux faits et regardez la réalité en face. La fuite ou les belles paroles, ce n'est pas votre genre.
- Vous affrontez les problèmes.
- Vous prenez des risques.
- Vous réfléchissez à vos erreurs.
- Vous êtes honnête avec vous-même.

Accélérateurs :
- « Tout ne s'est pas passé comme je l'aurais souhaité, mais rien n'est immuable. »
- « Mes erreurs peuvent m'aider à devenir meilleur. »

Luttez contre vos a priori négatifs

Lorsque l'on sait quel objectif on veut atteindre et

comment on veut l'atteindre, il nous faut surmonter les obstacles qui se dressent sur notre chemin. Trop souvent, ces obstacles ne sont autres que nous-même. Le doute nous envahit, nous sommes indécis ou peut-être tout simplement trop paresseux pour nous lancer dans la bataille.

Les responsables ? Les a priori négatifs. Il s'agit des jugements qui influencent notre perception de telle sorte que nous préférons opter pour les solutions les plus faciles, les stratégies d'évitement, voire l'attentisme pur et simple. Voici quelques conseils pour lutter de manière consciente contre vos a priori négatifs.

A priori négatif « Angoisse de la décision »

- Vous connaissez ce phénomène : on remet la résolution du problème à plus tard, parce qu'on ne veut pas trancher. On redoute :
  - de prendre une décision,
  - d'essuyer un refus, parce que d'autres n'approuvent pas la décision,
  - de laisser échapper les autres options,
  - de ne pas trouver la seule et unique bonne voie (qui en fait n'existe pas).

Autosuggestion :
N'oubliez pas que seules les décisions que vous prenez vous-même vont dans votre sens.

A priori négatif « Zone de confort »

Il vous arrive peut-être parfois d'être trop paresseux pour vous activer. Les causes peuvent être multiples :

- Habitude.
- Conviction selon laquelle tout va pour le mieux dans le meilleur des mondes.
- Sentiment de sécurité que donne l'habitude (l'inconnu étant synonyme d'incertitude).

Autosuggestion :
Concentrez-vous sur ce qui pourrait être amélioré dans votre vie en l'état actuel des choses. Mettez l'accent sur votre « souffrance » pour provoquer les changements.

A priori négatif « Syndrome de l'hyperactivité »

Vous êtes perfectionniste et ne voulez rien laisser au hasard. Vous subissez une pression énorme, parce que vous voulez tout contrôler. Vous répondez aux caractéristiques suivantes :

- Vous avez peur qu'un temps mort puisse avoir des conséquences négatives.
- Vous êtes incapable de ne rien faire.
- Vous pensez pouvoir résoudre tous les problèmes.
- Vous souhaitez tout faire à la perfection, sans faillir, pour vous préserver de toute mauvaise surprise.

Autosuggestion :
Prévoyez des projets à plus long terme, que vous pourrez mener tranquillement. Arrêtez de jouer au pompier. Autorisez-vous quelques erreurs de temps en temps : relevez votre seuil de tolérance à l'erreur.

A priori négatif « Rapport de dépendance »

Vous avez peur du changement, car vous craignez qu'il entraîne des conséquences fatales. Vous êtes convaincu de dépendre des circonstances et des personnes.

- Vous croyez en l'inéluctabilité des événements, des processus, etc.
- Vous croyez à l'effet domino : vous pensez que les erreurs ou les changements débouchent forcément sur des catastrophes, car tout est lié à tout.
- Vous êtes pris au piège de la dépendance : c'est votre rapport de dépendance au monde qui vous entoure qui vous rend dépendant avant tout.

Autosuggestion :
Réfléchissez aux domaines dans lesquels vous avez une influence et aux conséquences que cela a sur la situation dans son ensemble. Souvenez-vous d'événements où, malgré des changements ou des erreurs, aucune catastrophe n'a eu lieu.

Régénérez-vous

Personne d'autre que vous ne connaît mieux vos limites personnelles. Ne les dépassez pas. Travailler en permanence à la limite n'est en aucun cas un signe de détermination. Au contraire : ce n'est qu'en utilisant votre énergie de manière réfléchie que vous pourrez vous préparer au mieux à relever les défis à venir. Prenez le temps de vous régénérer. C'est la seule manière de renforcer votre performance.

Le corps et l'esprit ont besoin de repos

C'est aussi selon ce principe que les sportifs de haut niveau organisent leur programme d'entraînement : après une phase de tension, seule la régénération permet au corps et à l'esprit d'être en mesure d'affronter de nouvelles exigences, encore plus fortes.

Fixez-vous des objectifs

Les possibilités de régénération physique et psychique sont très nombreuses et personnelles. Faites appel aux méthodes dont vous savez qu'elles vous font du bien, mais n'hésitez pas à faire aussi de nouvelles découvertes de temps en temps.

Fixez-vous des objectifs, par exemple sur le plan de la fréquence ou de l'intensité (« Aller au sauna une fois par semaine », « Courir 10 kilomètres deux fois par semaine »).

➲ Variez les plaisirs

Il ne faut pas confondre « se détendre » et « ne rien faire ». Notre conseil n'est pas de ne « rien » faire, mais de faire « autre chose ». Une personne à qui le travail impose de rester longtemps assise à un bureau trouvera la « détente » physique dans la tension, par exemple dans le sport.

La même règle vaut pour l'esprit. Pour vous détendre moralement, optez pour des activités que vous n'avez généralement pas le temps de pratiquer : lecture, musique, voyages, vélo, sport.

Inutile de vous concocter un programme bien-être sophistiqué. Il suffit d'offrir à votre esprit un petit peu de distraction. Une fois que vous avez trouvé une activité qui vous convient, faites en sorte de ne pas être dérangé. Tenez-vous-en à certaines règles que vous fixerez vous-même, par exemple « Éteindre le portable » ou « Ne pas parler travail avec les personnes du sauna ». Ce n'est que de cette façon que vous parviendrez réellement à vous détendre.

Apprendre à motiver les autres

La motivation ne se fabrique pas. L'une des missions des cadres de direction est de motiver leurs collaborateurs. Mais comment ? Il leur faut créer un environnement dans lequel la motivation des salariés puisse s'exprimer et se renforcer.

Dans ce chapitre, vous apprendrez :

Quel est votre rôle en tant que cadre de direction ?

La « motivation des collaborateurs » est souvent considérée comme l'une des principales missions incombant aux cadres de direction. Si le personnel d'une entreprise semble manquer de motivation, on parle souvent de « problème de direction ». Ce n'est qu'en partie vrai. En effet, le niveau de performance n'est pas à imputer au seul encadrement.

Potentiels et limites de la motivation des collaborateurs

Chaque individu décide en fin de compte lui-même *s'il* veut agir et *comment* il veut agir. Les êtres humains ne sont pas des marionnettes – même si certains chefs caressent peut-être secrètement le désir qu'ils le soient.

Une direction motivante est un processus qui aide les collaborateurs à déployer leur énergie sans pouvoir créer cette énergie en tant que telle.

On ne peut pas agir sur la personnalité

Nous avons déjà évoqué les principes de base qui permettent de renforcer les performances : il s'agit de l'ensemble des facteurs interconnectés que sont la personnalité, les compétences et la marge de manœuvre. Les cadres de direction peuvent être rendus responsables uniquement de ce sur quoi ils peuvent effectivement agir. Et cette capacité d'action est très différente selon les facteurs.

La personnalité d'un individu, qui détermine également sa motivation générale et spécifique dans un domaine d'activité donné, ne peut guère être influencée par l'entourage. C'est à chaque collaborateur qu'il incombe de se motiver et de s'engager.

En principe, chaque collaborateur possède une certaine motivation, variable selon les individus, qui se renouvelle toujours d'elle-même. Le degré selon lequel un individu s'investit dans une mission dépend pour une large part de sa personnalité. Tenter de modifier cette dernière n'est pas du ressort de la direction de l'entreprise.

➲ Le champ des compétences offre une marge de manœuvre

Le champ des compétences n'est pas immuable et peut être plus facilement influencé que la personnalité. Le développement ciblé est donc une tâche à laquelle la direction et le collaborateur doivent s'atteler ensemble. La mise en place de possibilités de développement est en partie à la charge de l'entreprise, tandis que le collaborateur devra travailler lui-même à son développement personnel.

Créer des conditions stimulantes

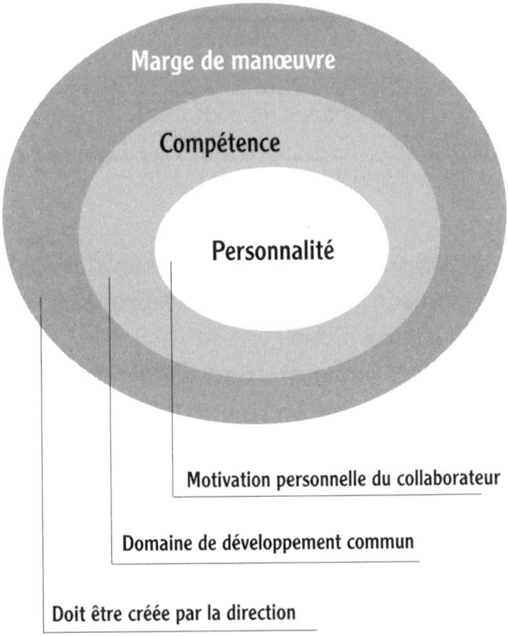

Les cadres de direction et les collaborateurs sont responsables à des degrés divers de la motivation personnelle, du développement des compétences et de la marge de manœuvre.

La marge de manœuvre offerte aux collaborateurs dépend essentiellement de la direction. Elle doit être ménagée de manière à permettre que s'expriment l'engagement, les capacités et les compétences du personnel. L'encadrement de l'entreprise doit par conséquent mettre en place des conditions motivantes et stimulantes.

Votre contribution à la motivation de vos collaborateurs

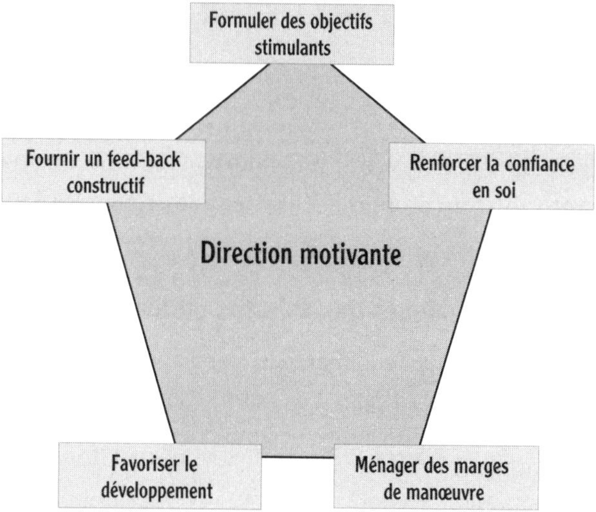

Les cinq composantes d'une direction motivante

- Aidez vos collaborateurs à développer leurs compétences.
- Définissez avec vos collaborateurs des objectifs stimulants pour les deux parties.
- Laissez vos collaborateurs découvrir par eux-mêmes qu'il est gratifiant de s'investir.
- Créez des conditions de travail optimales.

Formulez des objectifs stimulants

Nous avons vu qu'il n'était pas de la responsabilité des cadres de direction de créer la motivation de leurs collaborateurs. C'est à eux, en revanche, qu'incombe de la pérenniser.

Dans ce contexte, l'un des principaux défis est la formulation d'objectifs individuels, qui doivent être motivants ou propres à maintenir et renforcer leur motivation.

Caractéristiques des objectifs motivants

Les objectifs des collaborateurs doivent présenter les mêmes caractéristiques que ceux décrits à la section consacrée à la motivation personnelle (p. 56 et suiv.) :

- Stimulants.
- Réalisables.
- Importants.

- Intéressants.
- Mesurables.

La formulation d'objectifs individuels motivants implique, dans le cadre d'un dialogue entre la direction et le collaborateur, de définir des objectifs qui répondent à ces caractéristiques.

La priorité : les objectifs de l'entreprise

Les objectifs des différents domaines de compétence doivent impérativement être atteints. Il convient donc de réfléchir à la contribution que chacun peut apporter afin que :
- la réalisation des objectifs du département puisse être garantie,
- personne ne soit suremployé ou sous-employé,
- les blocs de travail soient équitablement répartis,
- les intérêts personnels des collaborateurs soient pris en considération.

Définir les objectifs selon l'approche descendante

C'est un travail qui requiert un certain temps d'explication, en particulier en ce qui concerne la formulation des objectifs des différents départements de l'entreprise. En effet, étant donné que ces objectifs découlent de ceux de l'entreprise et que les collabo-

rateurs sont évalués par rapport aux objectifs de leur département, ces derniers doivent être définis selon une approche descendante.
De cette manière, il est plus facile d'expliquer aux collaborateurs pourquoi et de quelle manière un objectif spécifique contribue au succès de l'entreprise. Si la direction n'est pas en mesure de justifier la contribution qu'un objectif formulé pour un collaborateur peut apporter au succès de son département ou de l'entreprise, il faut en tirer toutes les conséquences et se demander si la mission proposée doit réellement être définie en tant qu'objectif.

Comment définir les objectifs de vos collaborateurs

Le tableau suivant présente un exemple de formulation des objectifs des collaborateurs à partir des objectifs de l'entreprise, selon une approche descendante. À chaque étape, les objectifs sont définis avec de plus en plus de précision.

Les objectifs spécifiques des collaborateurs sont définis à partir des objectifs de l'entreprise

Niveau	Objectif
Entreprise	Augmentation du chiffre d'affaires de 30 % dans les trois prochaines années

Département marketing et distribution	Conquête de nouveaux marchés pour booster les ventes
Équipe de projet « e-commerce »	Création d'une plate-forme d'e-commerce
Webmaster Fred X.	Développement du projet de plate-forme d'e-commerce reprenant la charte graphique de l'entreprise

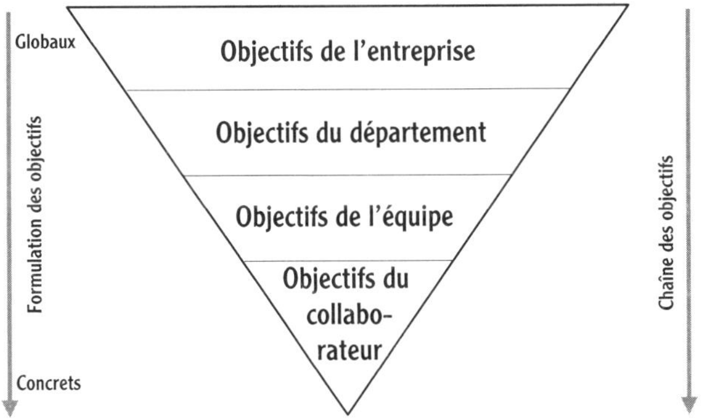

Les objectifs concrets des collaborateurs sont définis pas à pas à partir des objectifs globaux de l'entreprise.

Il est recommandé que les objectifs des collaborateurs soient variés sur le plan qualitatif. Ainsi, les objectifs axés sur le chiffre d'affaires peuvent déboucher sur des défis intéressants sur le plan du contenu. À long terme, le succès d'une entreprise ne repose en effet pas uniquement sur les bénéfices, mais aussi sur sa capacité à être créative, à s'imposer des normes de qualité, à fidéliser sa clientèle, etc.

➲ Quels sont les objectifs possibles ?

Les objectifs que vous définissez avec vos collaborateurs devraient couvrir le plus grand nombre de types d'objectifs possible. Vous trouverez quelques exemples dans le tableau suivant.

Types d'objectifs	Contenu (exemples)
Objectifs d'exécution	Respect des délais
Objectifs opérationnels	Documentation et administration
Objectifs de performance	Amélioration de la qualité, augmentation de la quantité
Objectifs de qualification	Formation continue, acquisition de nouvelles compétences

Objectifs de projet	Création de nouvelles unités, nouvelles conceptions
Objectifs de résultat	Chiffre d'affaires, bénéfices (si les objectifs entrent dans le champ de responsabilité personnel)
Objectifs personnels	Amélioration de la gestion personnelle du temps

Combien d'objectifs faut-il définir ?

Il est conseillé de formuler cinq à sept objectifs individuels par an pour chaque collaborateur. Le nombre d'objectifs dépend de la qualification du collaborateur, de la complexité de son domaine d'activité et des objectifs du département dont il dépend.

Horizon temporel du mix d'objectifs

Les mix d'objectifs qui prévoient des objectifs à court, moyen et long terme sont particulièrement stimulants. La raison en est évidente : les succès obtenus à court terme renforcent la confiance en soi et donnent l'énergie nécessaire à la réalisation des objectifs à plus long terme.

Communiquez la confiance en soi

La confiance en soi agit comme un « catalyseur » sur la réalisation des objectifs. Le collaborateur peut alors laisser libre cours à tout son potentiel. Un manque de confiance peut à l'inverser inhiber ses performances, par exemple par peur de commettre des erreurs.
Il est essentiel pour la direction d'affermir la confiance que les collaborateurs ont en eux. Une confiance en soi défaillante ou inexistante qui serait renforcée par ailleurs (par exemple par l'attribution des missions importantes aux autres collaborateurs) ne ferait que se renforcer. Planerait alors la menace du cercle vicieux, qui, tôt ou tard, entraînerait une démission réelle ou symbolique.

La confiance au service de la performance

La direction se doit par conséquent de mettre en place un cercle vertueux, dont la confiance constitue la force motrice. Elle doit donner aux collaborateurs les moyens de réaliser avec succès les missions qui leur sont confiées. Ceux-ci font ainsi l'expérience que l'engagement vaut la peine qu'ils se donnent. Forts d'une plus grande confiance en eux, ils peuvent alors se voir confier des missions un peu plus complexes et la direction réussit à atteindre un niveau de performance de plus en plus élevé. Peu à peu, le cercle vertueux se met en place.

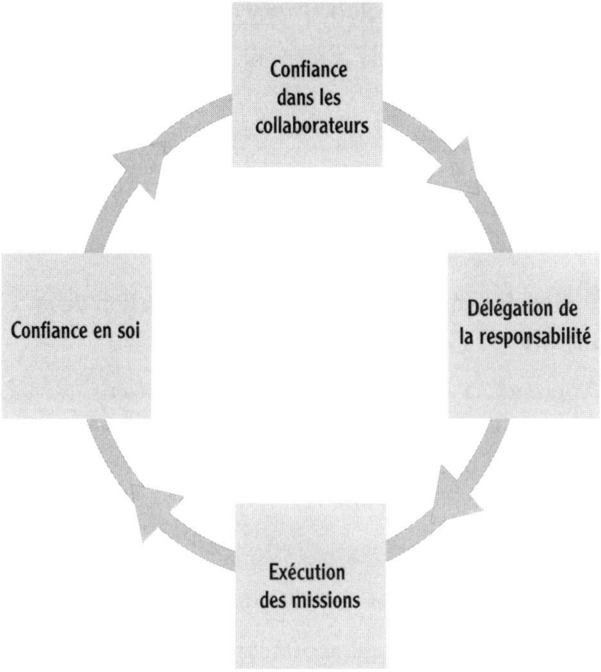

Ce n'est que s'il a confiance en lui qu'un collaborateur peut réaliser des missions stimulantes.

Conditions nécessaires au renforcement de la confiance en soi

Tenez compte des potentiels de vos collaborateurs

En tant que cadre de direction, il est de votre devoir de bien connaître les capacités et les compétences de vos collaborateurs. S'il est surestimé, un collaborateur échouera dans ses missions, ce qui engendrera chez lui de la frustration et une difficulté à se motiver. Sa confiance risque aussi d'en être affectée.

Modulez votre style de direction en fonction de la situation

Apprenez à vos collaborateurs à faire leur travail, accompagnez-les sur le plan technique et soutenez-les dans la réalisation de leurs objectifs. Vous pourrez ensuite déléguer les blocs de travail dans leur intégralité.

Faites preuve d'une certaine tolérance à l'erreur

Les potentiels des collaborateurs ne peuvent pleinement s'exprimer que dans le cadre d'une culture d'entreprise qui tolère les erreurs et y voit une occasion de progresser. Si vous menacez votre personnel de sanctions lourdes en cas d'erreurs, il ne faut pas vous étonner que vos collaborateurs élaborent des stratégies d'évitement pour échapper aux missions qui leur sont proposées. Ils préfèrent tout simplement rester en « terrain sûr ».

Ménagez des marges de manœuvre

Beaucoup d'entreprises demandent à leurs collaborateurs d'être autonomes. Pourtant, l'autonomie et la responsabilité personnelle ne peuvent exister que si elles sont véritablement souhaitées.

Dans beaucoup d'entreprises, le tableau est plutôt le suivant : la direction déplore de ne pouvoir confier aucune responsabilité à ses collaborateurs, parce qu'ils n'ont jamais appris à être autonomes. Ceux-ci rétorquent qu'ils ne peuvent être autonomes que s'ils sont réellement responsables des missions qui leur sont confiées. Chaque camp a sa propre opinion sur le fait que rien n'avance dans le domaine de la responsabilité personnelle.

Les deux parties, en particulier les cadres de direction, doivent siffler la fin de la partie et introduire de nouvelles règles.

Conditions nécessaires au renforcement de la responsabilité personnelle

Si vous exigez de vos collaborateurs qu'ils fassent preuve de responsabilité personnelle, vous devez créer des marges de manœuvre qui remplissent certains critères :

- Possibilités de décision.
- Responsabilité réelle, sans intervention.
- Culture d'entreprise tolérant l'erreur.
- Responsabilité systématique.

Possibilités de décision

Vous n'arriverez à encourager la responsabilité personnelle de vos collaborateurs que si vous les laissez prendre des décisions réellement importantes, car, bien entendu, personne ne peut se sentir responsable des décisions qu'il ne prend pas.

En tant que cadre de direction, vous devez vous contenter de conseiller vos collaborateurs dans leurs décisions. Ce n'est pas à vous de prendre les décisions à leur place.

Responsabilité réelle

Le pouvoir de décision doit s'accompagner d'une capacité à agir. Les collaborateurs doivent prendre eux-mêmes les décisions qu'ils sont réellement en mesure de prendre. Beaucoup de cadres de direction ont tendance à se réserver le pouvoir de décision ou à « donner leur bénédiction » à leur personnel. Pourtant, la responsabilité ne peut être réelle que si la direction

croit ses collaborateurs capables de prendre les bonnes décisions.
La responsabilité, c'est aussi répondre des décisions qui s'avèrent être des erreurs par la suite. Dans le cas contraire, la responsabilité n'est que fictive.
Enfin, et c'est essentiel, la responsabilité, quand elle est réelle, concerne aussi les succès. Il est extrêmement important que la direction exprime sa reconnaissance, que ce soit au travers d'un feed-back direct positif ou d'une forme de rémunération.

Culture d'entreprise tolérant l'erreur

Comme nous l'avons dit, les erreurs, même si elles sont désagréables, sont inévitables. La manière dont votre entreprise les gère est capitale. Une entreprise qui ménage des marges de manœuvre à ses collaborateurs et demande d'eux qu'ils assument une responsabilité personnelle doit compter avec les erreurs. Cela fait tout simplement partie du jeu.
Si vous sanctionnez lourdement les erreurs de vos collaborateurs, vous servirez de chair à canon dans les affaires de harcèlement moral ou serez la cible des commérages qui ont cours au réfectoire. De plus, les salariés cesseront rapidement de s'aventurer dans les marges de manœuvre que vous leur ménagez. Ils leur préféreront les stratégies d'autodéfense : ils feront tout

ce qui est en leur pouvoir pour ne pas donner le flanc à votre critique.

Responsabilité systématique

Vous avez tendance à résoudre les problèmes de vos collaborateurs ? Si l'intention est louable, les conséquences peuvent être négatives, car cela entrave la responsabilité personnelle. Dans cette configuration, dès qu'un collaborateur rencontre des difficultés sur un dossier, il le transmet à son supérieur hiérarchique, qui règle le problème à sa place.

Ce qu'on a l'habitude d'appeler « affaires de chef » sape la responsabilité personnelle. C'est en effet une manière de montrer aux collaborateurs la limite au-delà de laquelle les décisions importantes sont prises sans eux. Mieux vaut accompagner un collaborateur quelque temps, puis lui lâcher la main, en lui faisant comprendre qu'il devra exécuter ce genre de tâches tout seul à l'avenir. Il se sentira plus fort et se débrouillera sans votre aide la fois suivante.

Conseils pour créer des marges de manœuvre

- Élargissez la marge de décision de vos collaborateurs. Le pouvoir de décision doit s'accompagner d'une capacité à agir.

- Signifiez à vos collaborateurs que, dans tous les cas, ils sont responsables de leurs décisions, qu'elles conduisent à l'échec ou au succès.
- Tolérez les erreurs. C'est justement quand on découvre de nouveaux territoires que l'on apprend plus de ses erreurs que de ses succès involontaires.
- Ne réglez pas les problèmes de vos collaborateurs à leur place. Conseillez-les, informez-les, montrez-leur le chemin. C'est à eux de trouver des solutions.

Favorisez le développement de vos collaborateurs

Vous pouvez contribuer au développement personnel de vos collaborateurs. Comment ? En associant les objectifs globaux de l'entreprise à des objectifs individuels attribués à chaque collaborateur. Pour obtenir de ses salariés un réel engagement, la direction doit formuler les objectifs de manière qu'ils aient la possibilité de faire avancer leur propre cause. Les programmes de développement des compétences représentent une excellente solution. Ils permettent en effet de faire se rencontrer les intérêts de l'entreprise et ceux des collaborateurs – un processus qui profite aux deux parties.

Les cadres de direction sont des coachs

Plus le domaine est spécialisé, plus il est rare que les

cadres de direction soient les meilleurs éléments de leur service dans ce domaine. Mais être le meilleur joueur n'est pas le rôle d'un coach. En tant que chef, vous avez pour devoir de guider votre équipe et de tirer le meilleur de chaque « joueur ». Concrètement, cela signifie que vous devez vérifier le niveau de développement de vos collaborateurs par rapport aux exigences qui leur sont posées et engager des mesures ciblées propres à favoriser leur développement.

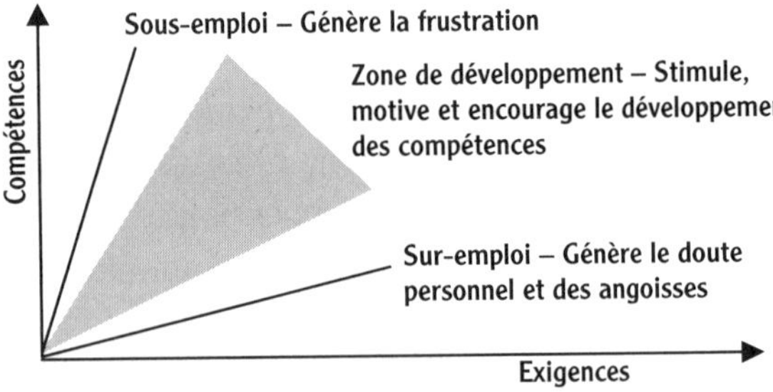

Exigences et compétences dans la délégation

Pour la direction, encourager en exigeant signifie inciter en permanence les collaborateurs à passer à l'étape suivante. Un collaborateur qui resterait bloqué à son niveau de développement actuel finirait par être sous-employé. À l'inverse, un salarié dont on anticiperait trop rapidement le niveau de développement serait suremployé, ce qui pourrait faire naître chez lui une certaine angoisse.

Il faut donc déterminer la zone de développement spécifique du collaborateur, c'est-à-dire la zone où le rapport entre les exigences et les compétences est tel qu'il y a constamment une légère inclinaison en direction du niveau d'exigences supérieur qui incite le collaborateur à développer ses compétences pour y répondre.

Comment stimuler les compétences de vos collaborateurs

Renforcez les forces

Laissez à vos collaborateurs l'espace nécessaire pour exprimer leurs talents. Étendez progressivement leur liberté de décision et leur domaine de compétence. Vous renforcerez ainsi à la fois leurs compétences et leur confiance en eux.

Définissez les domaines de développement

Parlez avec vos collaborateurs des objectifs de développement que vous envisagez pour eux et auxquels eux-mêmes aspirent. Définissez ensemble les missions plus ambitieuses qu'ils pourraient se voir confier dans une prochaine étape. Assurez-les de votre soutien, mais expliquez-leur aussi que vous attendez d'eux une attitude responsable.

➲ Restez calme face aux erreurs

Considérez les erreurs et les échecs comme un outil d'apprentissage. Réagissez immédiatement à tout écart pour éviter que le collaborateur s'obstine dans son erreur. Informez-vous plus fréquemment qu'à l'habitude sur l'état d'avancement du dossier et proposez votre aide en cas de problème.

➲ Confiez de plus en plus de responsabilités

Lorsqu'un collaborateur exécute avec succès les missions qui lui sont confiées, laissez-le prendre des décisions et confiez-lui d'autres responsabilités. Réduisez peu à peu votre contrôle et ne lui proposez plus systématiquement votre aide.

➲ Proposez de nouveaux challenges au bon moment

Dès que vous constatez qu'une certaine routine s'installe dans l'exécution des tâches d'un collaborateur, réfléchissez ensemble à de nouveaux objectifs de développement.

➲ Veillez au juste équilibre

Faites en sorte que les missions que vous confiez à vos

collaborateurs associent de manière équilibrée tâches de routine et nouveaux défis.

Mettez en place un programme de mentorat

Les collaborateurs expérimentés tenant le rôle de mentors peuvent apporter leur aide dans leur domaine de spécialité à leurs collègues moins expérimentés, qui ont encore des objectifs de développement à atteindre. Vous déléguez ainsi la responsabilité et proposez de nouveaux challenges à votre équipe.

De l'importance du feed-back

Tout entretien entre un cadre de direction et un collaborateur renferme des éléments de feed-back, même s'il peut sembler s'agir d'une simple conversation informelle.

On entend habituellement par situations de feed-back les entretiens individuels, les évaluations ou entretiens d'objectifs organisés à intervalles réguliers, au cours desquels des commentaires sur le niveau de performance ou la réalisation des objectifs sont proposés. Mais n'existe-t-il pas aussi des situations dans lesquelles un feed-back est donné sans préparation particulière ?

> **Étant donné que chaque rencontre entre un collaborateur et un cadre de direction représente une situation de feed-back, les cadres de direction sont tenus de toujours se comporter en conséquence.**

Cultivez le feed-back spontané

Beaucoup de cadres de direction considèrent que le feed-back spontané n'est pas véritablement un feed-back du fait qu'il se déroule en dehors du cadre des procédures codifiées. Pourtant, l'interaction quotidienne entre la direction et le personnel est un instrument de direction tout aussi important que les autres. Ces derniers doivent produire leurs effets au quotidien, et pas uniquement à l'occasion des évaluations annuelles.

Votre avis est important

Les collaborateurs n'appréhendent pas les observations de leurs supérieurs hiérarchiques de la même manière que les remarques de leurs collègues. Pourquoi ? Les propos des chefs sont étudiés sous toutes les coutures et donnent lieu aux interprétations les plus fantaisistes. Les signaux mal compris provoquent plus d'émoi que les commentaires des collègues d'un autre service, par exemple.

Le feed-back – quotidien ou codifié – est un moyen efficace offert aux cadres de direction de préserver ou de renforcer la motivation de leurs collaborateurs.

Les supérieurs hiérarchiques directs et leur mode de communication exercent une influence considérable sur la motivation de leurs collaborateurs. Aux yeux de ces derniers, ils ont plus de poids que la situation globale de l'entreprise, les instruments de direction ou les systèmes de définition des objectifs.

Ne tardez pas

Le feed-back devrait toujours intervenir rapidement. Le feed-back positif ne peut être pleinement stimulant que s'il est donné immédiatement après les performances réalisées. De la même manière, les commentaires critiques sont d'autant plus efficaces et mieux compris qu'ils sont faits sans retard.

Les éléments du feed-back

Dans les situations de feed-back, plusieurs aspects ont leur importance : la valorisation du collaborateur en tant qu'individu, la reconnaissance des performances accomplies et les commentaires sur les domaines d'amélioration. C'est pourquoi il est conseillé de respecter les règles suivantes en matière de feed-back :

Éléments du feed-back	Votre rôle
Valorisation	Valorisez le collaborateur sur un mode verbal et non verbal. Les cadres de direction doivent envoyer un message valorisant, quelles que soient les forces et les faiblesses réelles de l'individu.
Reconnaissance	Reconnaissez certaines performances et/ou caractéristiques, capacités ou connaissances perçues positivement. Cette reconnaissance doit reposer sur des observations concrètes. Elle doit être compréhensible et sincère. Mettez en avant les comportements que vous pouvez décrire (par exemple : « La solution X pour le client Y était très créative, parce que vous avez réussi… » plutôt qu'un vague « Vous êtes créatif »).
Critiques/ Écart par rapport aux objectifs	En vous appuyant sur des situations concrètes, parlez des comportements qui peuvent appeler la critique et nécessiteraient d'être améliorés. Là encore, veillez à éviter les commentaires trop généraux, car cela n'aiderait pas le collaborateur à se corriger (par exemple : « Dans le dossier X, vous avez manqué de rigueur, ce qui a eu les conséquences Y… » plutôt qu'une remarque globale du type « Vous ne savez pas vous imposer »).

Règles essentielles en matière de feed-back

- Demandez-vous si ce que vous avez à dire à votre collaborateur vous aiderait vous-même si vous étiez à sa place.
- Décrivez votre perception comme votre expérience personnelle, votre impression, pas comme un fait.
- Ne jugez pas la personne dans sa globalité.
- Appuyez-vous sur des situations concrètes.
- Parlez d'égal à égal. Évitez le paternalisme.
- Évitez les lieux communs.
- Témoignez de la reconnaissance pour les performances accomplies.
- Communiquez vos souhaits et les informations à la première personne.
- N'essayez pas de résoudre les problèmes du collaborateur, mais incitez-le à rechercher des solutions.
- Remerciez le collaborateur pour l'entretien et terminez systématiquement par des encouragements.

Conseils pour évaluer votre comportement pendant les feed-back

- Réfléchissez pendant une semaine à votre comportement pendant les feed-back donnés à vos collaborateurs.
- Dans quelles situations avez-vous pu donner un feed-back spontané ? Quels en sont les points positifs ? Quels champs d'action avez-vous découverts pour vous-même ?

- Dans quelles situations auriez-vous pu faire part de vos encouragements, de vos compliments ou de votre reconnaissance alors que vous ne l'avez pas fait ? Qu'est-ce qui vous en a empêché ?

Comment organiser votre entreprise pour motiver vos collaborateurs

Les entreprises créent plus ou moins consciemment les conditions dans lesquelles la motivation de leurs collaborateurs peut s'exprimer ou pas. Il existe des instruments éprouvés qui permettent aux entreprises d'exercer une influence positive dans ce domaine.

Dans ce chapitre, vous apprendrez :

- comment formuler efficacement les objectifs (p. 104)
- quels systèmes de rémunération vous pouvez instaurer (p. 111)
- comment mettre en place des plans de carrière (p. 118)

- quelles stratégies de motivation engager dans le cadre des processus de changement (p. 126)
- comment retenir vos collaborateurs avec des programmes de fidélisation (p. 132)
- comment faire de vos collaborateurs des partenaires grâce à l'autonomisation (p. 142)

Misez sur les objectifs

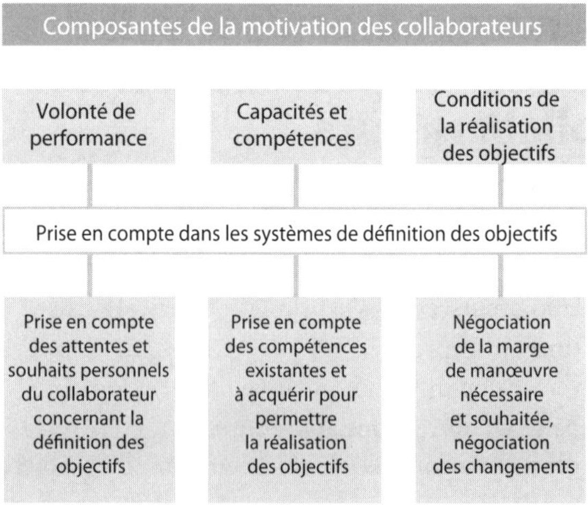

Les systèmes de définition des objectifs font partie des instruments de direction qui ont fait leurs preuves sur le plan de la motivation. La raison en est que les objectifs ne sont pas imposés au collaborateur, mais définis avec la direction de manière équitable. Le collaborateur s'engage pour l'entreprise et sait qu'il pourra en tirer des bénéfices. L'identification avec les objectifs renforce sa motivation.

Avantages des systèmes de définition des objectifs

Pour l'entreprise	Pour le collaborateur
• **Transparence sur la répartition des objectifs et des tâches dans les unités d'organisation**	– Possibilité de parler avec la direction des missions, objectifs et marges de manœuvre
• **Planification des activités**	– Renforcement de la transparence sur les attentes personnelles et les objectifs de l'entreprise
• **Identification des conflits d'objectifs**	– Sécurisation permise par un état des lieux permanent
• **Meilleure prise en compte des performances, des coûts et des délais**	– Expériences valorisantes (grâce à la communication de la réalisation des objectifs partiels)

• **Encouragement des initiatives personnelles**	– Possibilité d'épanouissement personnel par l'accomplissement de tâches exigeantes
• **Objectivation de l'évaluation des performances**	– Possibilité d'épanouissement personnel par un transfert ciblé des compétences
• **Identification des besoins en formation continue**	– Développement à court terme de la capacité à agir de façon autonome et à s'autogérer
• **Intensification de la communication interne**	– Possibilité de parler avec la direction des missions, objectifs et marges de manœuvre
• **Meilleure coordination entre les départements et à l'intérieur des départements**	

• **Critère objectif de fixation des éléments variables de la rémunération orientée sur les performances**	

Les règles en matière de définition des objectifs

Vous devez bien sûr définir des objectifs qui produisent les effets escomptés dans la pratique. Pour que les objectifs formulés servent l'entreprise tout en répondant aux souhaits des collaborateurs, deux facteurs doivent être réunis : votre capacité à évaluer correctement la qualification des collaborateurs et votre capacité à identifier les objectifs qui sont profitables aussi bien pour l'entreprise que pour le personnel.
Les systèmes professionnels de définition des objectifs reposent sur les trois piliers de l'engagement : la volonté personnelle, les compétences nécessaires à la réalisation des objectifs et l'environnement.

Intégration à la culture d'entreprise

Lorsque vous négociez les objectifs d'un collaborateur, vous devez prendre suffisamment en compte la question du développement. Parlez avec lui en détail des compétences et des capacités requises. Engagez-vous également à créer les conditions nécessaires à la réa-

lisation de ses objectifs. Le collaborateur ne doit pas être livré à lui-même.
Si vous intégrez tous ces points lors de la conception, mais aussi lors de la mise en œuvre des systèmes de définition des objectifs, vous disposerez d'une plus grande marge de manœuvre s'agissant de la motivation de vos collaborateurs.

Les systèmes de définition des objectifs ne peuvent porter leurs fruits que s'ils font partie intégrante de la culture d'entreprise. Ils doivent être reconnus dans l'ensemble de l'entreprise et devenir la norme en matière de direction.

Règles essentielles

Pour tirer le meilleur profit des systèmes de définition des objectifs, vous devez respecter les règles suivantes lors de leur conception et de leur application :

- Assurez-vous du soutien de la direction de l'entreprise, condition indispensable à la réussite de tels systèmes.
- Veillez à mettre en place un mix d'objectifs regroupant des objectifs de différentes natures. Évitez les mix orientés exclusivement sur le chiffre d'affaires, car ils risquent d'affaiblir la motivation des collaborateurs.

- Assurez-vous que les compétences de direction requises existent. Si vous constatez des lacunes, formez les cadres de direction à l'utilisation du système et à la communication dans les entretiens d'objectifs.
- Veillez à ce que les collaborateurs disposent de marges de manœuvre suffisantes. De cette manière, ils pourront prendre des décisions responsables tout au long du processus de réalisation des objectifs. Dans le cas contraire, ils n'assumeraient aucune responsabilité vis-à-vis de leurs objectifs, ce qui rendrait le système absurde.

Formulaire de définition des objectifs

L'exemple suivant montre qu'il existe de nombreuses possibilités de personnalisation. Mais sachez que, dans ce contexte également, il faut accumuler les expériences et acquérir des compétences.

Définition des objectifs pour la période		Collaborateur :	
du			
au		Matricule :	
		Service :	
		Date :	
Objectif n° 1 (par exemple objectif de projet)			

Objectif atteint quand :

1re tâche partielle :

Compétences nécessaires : **Interaction avec les collègues :**

Aide de la hiérarchie :

Obstacles possibles :

Réalisation des objectifs partiels avant le :

2e tâche partielle :

Compétences nécessaires : **Interaction avec les collègues :**

Aide de la hiérarchie :

Obstacles possibles :

Réalisation des objectifs partiels avant le :

3e tâche partielle :

Compétences nécessaires : **Interaction avec les collègues :**

Aide de la hiérarchie :

Obstacles possibles :

Réalisation des objectifs partiels avant le :

Rémunération - Pourquoi l'argent ne fait pas tout

On travaille tous – et c'est incontestable – pour toucher un salaire raisonnable. Mais quel est réellement l'effet stimulant du facteur purement pécuniaire ?
On dit que l'argent ne fait pas le bonheur. Et c'est vrai. Tôt ou tard, même le salaire le plus élevé perd de son attrait. D'un autre côté, un salaire trop faible peut-être démotivant. On est insatisfait et on travaille sans entrain si on sait que l'on serait mieux payé dans une autre entreprise à compétences égales.

L'argent satisfait des besoins

L'argent satisfait avant tout certains besoins fondamentaux.

- **Le besoin d'un certain niveau de qualité** dans le domaine de l'alimentation et du logement :
  Dans les pays occidentaux, les besoins de base – alimentation et logement – sont dans la plupart des cas satisfaits. Mais pour s'offrir un niveau de vie supérieur, il faut gagner un salaire qui le permette.
- **Sécurité** : Le confort matériel donne un sentiment de sécurité. Un collaborateur qui peut accéder à cette sécurité matérielle grâce à son emploi sera plus enclin à s'engager.

- **Reconnaissance** : Le seul salaire ne suffit pas à répondre à ce besoin. Toutefois, la reconnaissance est l'un des éléments de la rémunération en ce sens que les performances sont récompensées par une contrepartie.
- **Épanouissement personnel** : Les systèmes de rémunération innovants offrent de nombreuses occasions de se réaliser. Ce n'est pas seulement une question de salaire. Les modèles de temps de travail flexibles y contribuent également.

Composantes et impact des systèmes de rémunération

La rémunération et le salaire sont deux concepts distincts. Dans le langage courant, le terme « salaire » désigne le salaire de base, tandis que la rémunération englobe tous les éléments de nature pécuniaire et matérielle qui sont accordés à un salarié en échange du travail accompli, par exemple les primes, les régimes de participation aux bénéfices, les voitures de fonction, les prestations sociales, etc. Le terme « rémunération globale » serait plus juste en l'occurrence.

La rémunération globale correspond en fait à l'ensemble des éléments pécuniaires et non pécuniaires de la rémunération, y compris les avantages en nature. Il existe en Europe une tendance à l'assouplissement des systèmes de rémunération, en partie en réaction

à la hausse constante des salaires de début de carrière observée dans les secteurs de croissance.
Cet assouplissement se traduit par la création de différentes catégories de bonus (par exemple, éléments personnels de rémunération, résultats de l'entreprise, objectifs d'équipe).

L'effet stimulant des éléments de rémunération

Le tableau suivant présente les fonctions que remplissent les éléments de rémunération dans le système de motivation.

Élément de rémunération	Effet
• **Salaire fixe**	– Permet de subvenir aux besoins personnels selon le niveau de vie souhaité. Répond au besoin de sécurité matérielle.
• **Prestations sociales et annexes (assurance-vie, épargne d'entreprise, etc.)**	– Traduit l'intérêt de l'entreprise pour le bien-être personnel du collaborateur et de sa famille. Répond au besoin de sécurité. Exprime une valorisation personnelle et répond en ce sens au besoin de reconnaissance.

Élément de rémunération	Effet
• **Primes**	– Traduit la reconnaissance de l'entreprise de la contribution du collaborateur à la réalisation des objectifs. Les primes devraient être associées à des objectifs afin d'établir un lien clair et immédiat entre performances et reconnaissance.
• **Participation aux bénéfices (intéressement, participation différée aux bénéfices, options d'achat d'actions)**	– Signifie au collaborateur qu'il prend également part aux résultats à long terme de l'entreprise. L'horizon à long terme traduit la volonté de l'entreprise de fidéliser son personnel, ce qui ouvre à ce dernier des perspectives et crée un lien affectif entre lui et l'entreprise.

Élément de rémunération	Effet
• **Voitures de fonction**	– Confère encore un statut social auquel sont associés les commerciaux et les collaborateurs effectuant de nombreux déplacements professionnels. À partir d'un certain niveau de revenu, le véhicule de fonction est considéré comme un outil de travail évident. Dans les tranches de salaires les plus élevées, la question ne se pose même plus, seules les conditions sont négociées (usage privé, modèle de voiture, etc.).
• **Avantages en nature**	– L'avantage en nature le plus courant est l'usage privé des voitures de fonction et des outils professionnels de téléphonie (portables, téléphones, e-mail, Internet, etc.). En ne contrôlant pas l'usage privé que fait le collaborateur de ces avantages, l'entreprise lui démontre sa confiance.

Élément de rémunération	Effet
• **Budgets (frais de séminaire, documentation spécialisée, vêtements de travail)**	– Certaines entreprises allouent des budgets pour certaines prestations professionnelles qui peuvent aussi faire l'objet d'un usage personnel. L'entreprise signifie ainsi au collaborateur qu'elle lui fait confiance en ce qui concerne la gestion des budgets tout en reconnaissant sa liberté d'action et de décision.

Augmentation de la part variable de la rémunération

Malgré les nombreuses critiques élevées à ce sujet, le « modèle de la valeur actionnariale » ne cesse de gagner du terrain, entraînant une nette augmentation de la part variable des rémunérations. Cette évolution fait passer au premier plan le désir des chefs d'entreprise de voir leurs collaborateurs se comporter comme s'ils travaillaient pour leur propre compte.

Tendances de la rémunération globale

Ces prévisions ne sont pas loin de devenir réalité. Avec l'augmentation de la part variable des primes et l'introduction d'un élément de rémunération qui intéresse le personnel à la croissance à long terme de l'entreprise, les collaborateurs passent du statut de salariés à celui de partenaires.

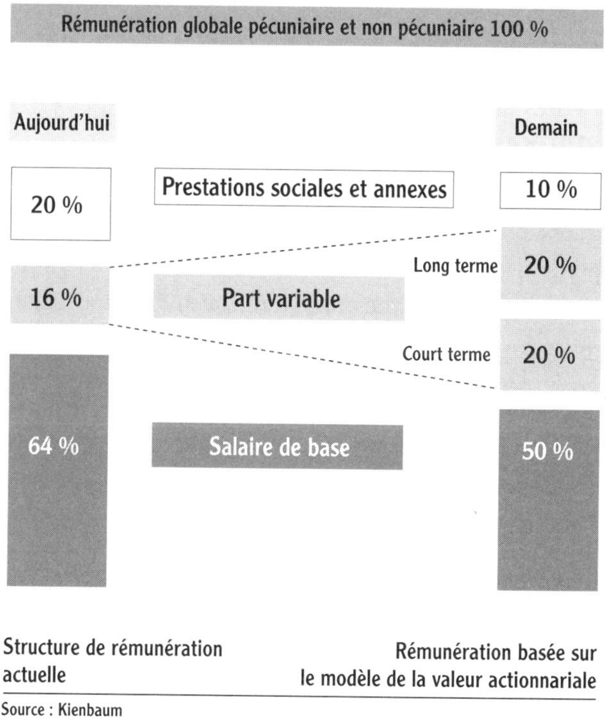

Source : Kienbaum

Certains jugent les modèles de la valeur actionnariale risqués et peu attractifs. Pourtant, les salariés les plus performants y voient un stimulant. Cette forme de rémunération essentiellement basée sur la responsabilité personnelle constitue en effet pour eux une raison de s'engager dans leur entreprise et dans aucune autre.

Plans de carrière : une source de motivation

Les collaborateurs qui veulent faire carrière s'impliquent plus fortement quand la voie vers leur développement personnel leur est montrée. Les personnes ambitieuses sont tournées vers l'avenir et apprécient que l'entreprise leur offre la possibilité de s'épanouir. Les plans de carrière personnels constituent une grande source de motivation à leurs yeux. Les plans de carrière présentent les caractéristiques suivantes :

- Ils décrivent le parcours que le développement d'un collaborateur peut suivre au sein d'une entreprise, aussi bien dans la hiérarchie qu'au niveau du développement des compétences.
- Ils proposent des options au collaborateur.
- Ils constituent un engagement mutuel pris par l'entreprise et le collaborateur de faire un bout de chemin ensemble.

Ce dernier point est crucial au vu de la fréquence à laquelle les salariés changent d'employeur aujourd'hui. L'élaboration et la mise en œuvre de plans de carrière spécifiques à l'entreprise offrent aux collaborateurs la possibilité de poursuivre des objectifs à long terme à l'intérieur de leur entreprise.

Avantages des plans de carrière

Pour l'entreprise	Pour le collaborateur
• Vue d'ensemble du personnel concernant : – l'ancienneté dans l'entreprise – le niveau de qualification – les perspectives de développement des collaborateurs – la structure par âge – les futurs besoins en personnel – les possibilités de recrutement interne • Développement stratégique du personnel	• Informations claires sur les étapes de la carrière et le contenu des futurs champs de compétence • Évaluation réaliste des possibilités de développement et des possibilités de soutien associées • Preuve que la progression et la « carrière » sont également possibles dans les petites entreprises

Les plans de carrière permettent en outre de mener une gestion des ressources humaines plus transparente et plus ciblée. Le développement du personnel est aligné sur les plans de carrière. Les frais générés par le recrutement et la fidélisation des personnels qualifiés et des cadres de direction peuvent être réduits du fait que les postes de direction sont attribués à la relève interne de l'entreprise.

Fidéliser le personnel

La mise en œuvre de plans de carrière ne sert pas uniquement la motivation. Elle permet également de recruter et de conserver des collaborateurs qualifiés, qui veulent connaître les perspectives de développement dans l'entreprise avant même leur possible embauche. Les candidats potentiels sont bien renseignés : grâce à Internet, il est aujourd'hui possible de prendre connaissance des options de carrière proposées dans les entreprises. La frontière entre fidélisation et motivation est donc floue.

Les plans de carrière doivent évoluer

Selon la phase de la vie, un salarié aura une perception différente de la façon dont il souhaite progresser. Les plans de carrière doivent par conséquent être suffisamment souples pour évoluer avec les désirs des collaborateurs, dont les priorités changent à chaque étape de leur carrière.

Souvent, les attentes d'un collaborateur ne sont pas les mêmes au début et au milieu de sa carrière. Il est impératif de prendre conscience de ce phénomène pour élaborer des plans de carrière qui répondent à ces besoins fluctuants.

➲ Ce qui intéresse un collaborateur en début de carrière

Attentes	Besoins moins importants
• Bonnes perspectives • Assumer des responsabilités • Développement et stimulation • Possibilité d'engager sa responsabilité personnelle et de démontrer ses capacités • Challenges, y compris avec prise de risque • Créativité et originalité • Acquérir rapidement un statut et un prestige • Contribution importante à l'entreprise et reconnaissance correspondante • Bon salaire	• Être peu contrôlé et conseillé • Possibilité d'aider les collègues • Sécurité à long terme

En début de carrière, les salariés se préoccupent surtout de leur développement et de leur épanouissement. Ils recherchent la reconnaissance. Les symboles de statut, comme le salaire ou la voiture de fonction, sont assez appréciés, car ils sont le signe de la réussite professionnelle.

Ce qui intéresse un collaborateur au début de sa carrière pourrait être résumé comme suit : « J'ai de grands projets. Où puis-je les réaliser ? Qui peut m'aider ? »

Ce qui intéresse un collaborateur en milieu de carrière

Après la première étape de leur carrière, les salariés connaissent parfaitement leurs forces et leurs faiblesses, et recherchent un poste qui correspond à leur profil. Ils sont moins désireux de corriger les petites « lacunes » de leur personnalité, ce qui s'explique aussi par le fait qu'il est plus difficile de changer à mesure que l'on prend de l'âge.
Ce point de vue pourrait s'exprimer ainsi : « Je sais ce dont je suis capable et ce que je veux. Je suis comme je suis et je fais de mon mieux. J'ai déjà réussi et je vais continuer sur cette voie. »

Attentes	Besoins moins importants
• Être remarqué et reconnu • Être certain de ses possibilités de carrière et du jugement sur soi-même • Mettre à profit ses forces personnelles • Développement et stimulation dans l'entreprise • Nouveaux objectifs et challenges dans le poste actuel • Formation continue • Sécurité à long terme • Bon salaire	• Corriger les défauts de la personnalité • Augmentation de salaire • Statut et prestige • Faire ses preuves auprès des autres

La notion de carrière évolue aussi

Le plan de carrière ne doit pas seulement prendre en compte les attentes des collaborateurs. Un autre facteur qui a son importance est l'image de la carrière dans la société.

Face aux nombreux dégraissages d'entreprises (et donc à la suppression d'échelons hiérarchiques), la carrière doit de plus en plus être considérée comme un développement professionnel. La progression dans la hiérarchie est beaucoup moins courante de nos jours.

Hier	Aujourd'hui
• Progression hiérarchique • Pouvoir de décision • Évolution salariale • Statut • Emploi dans des structures fixes • Équilibre entre vie professionnelle et vie personnelle	• Élargissement des responsabilités • Extension de la sphère d'influence • Gestion de projets • Développement personnel

Caractéristiques des plans de carrière

Récapitulons les principes régissant l'élaboration et la mise en œuvre d'un plan de carrière :

- Les étapes de carrière doivent répondre aux besoins de l'entreprise. Toutes les fonctions et les exigences professionnelles nécessaires à la réalisation des objectifs de l'entreprise sont reflétées dans le plan de carrière.
- Un plan de carrière doit être souple et ouvert afin de tenir compte des forces et des faiblesses des collaborateurs.
- Les étapes de carrière doivent être accessibles. Dans le cas contraire, l'entreprise perd de sa crédibilité.

Exemple de plan de carrière

La principale activité d'une société de robotique consiste à installer et adapter des trajets de robots dans le cadre de projets complexes qui durent plusieurs mois. Pour attirer les ingénieurs spécialisés dans ce domaine, qui font l'objet d'une âpre concurrence sur le marché du travail, l'entreprise propose le plan de carrière suivant :

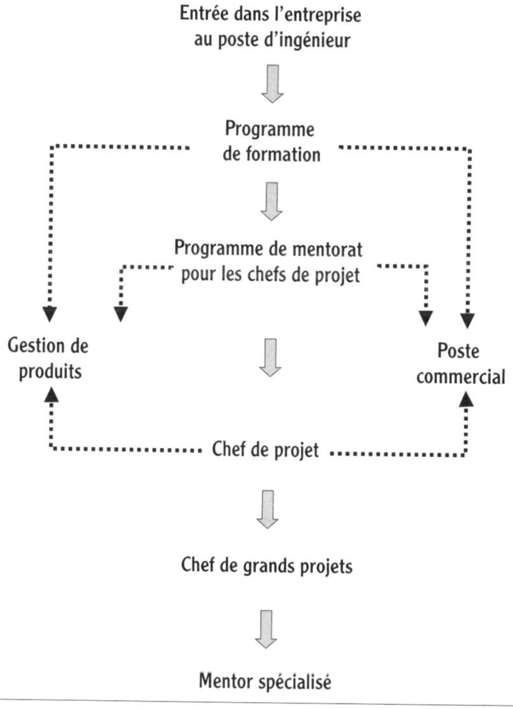

- Les étapes de carrière doivent être associées à des mesures de développement optionnelles (formation, mentorat, coaching).
- Les progrès doivent s'accompagner d'un réajustement de la rémunération conforme aux tendances du marché.
- Les « régressions » apparentes du collaborateur (par exemple suite à des événements d'ordre privé ou une plus forte implication dans d'autres domaines de vie) doivent pouvoir être discutées. La décision du collaborateur doit être respectée. Cela ne doit pas donner lieu à des sanctions informelles, à une perte de reconnaissance ou à une dévalorisation.

Les plans de carrière ne doivent pas forcément être suivis à la lettre. Des exceptions et des règles souples doivent être prévues si le besoin s'en fait ressentir et que la flexibilité et la qualification du collaborateur le permettent.

Stratégies de motivation dans le cadre des processus de changement

La mise en œuvre de changements au sein d'une entreprise est une tâche difficile. En effet, le défi ne consiste pas uniquement à préparer et engager les innovations, mais aussi à gagner l'adhésion du personnel.

Résistance au changement

Les nouvelles procédures, perspectives ou solutions doivent être comprises et acceptées. Les collaborateurs doivent aussi se sentir concernés par les changements introduits. Ce n'est pas facile. Pourquoi ?

Le changement fait peur

Contrairement à ce que l'on entend souvent, les difficultés rencontrées au cours des processus de changement ne sont, dans la plupart des cas, pas dues à une rigidité intellectuelle, mais à une inquiétude : « Notre manière de travailler aujourd'hui est efficace. Si nous en changeons, nous ne savons pas ce que cela donnera ». C'est souvent cette attitude qui est responsable de la fragilité et de la lenteur des processus de changement.

Ce type de réaction est évidemment légitime. Il montre également qu'il existe des facteurs de succès dans l'entreprise, qui doivent être préservés afin qu'ils restent efficaces après le changement.

D'un autre côté, il incombe à la direction de lutter contre l'immobilisme. Elle doit faire prendre conscience au personnel que c'est justement le changement qui stabilise et renforce la réussite.

Créer la motivation au changement consiste à faire comprendre que les incertitudes, qui font partie de la vie, ouvrent aussi de nouveaux horizons.

Adoptez une communication positive

Cette prise de conscience peut s'appuyer sur les perceptions positives des processus de changement énoncées ci-après :

- Simple, mais vrai : le changement est naturel.
- Il est impossible de ne pas changer. Le monde étant en perpétuelle évolution, le maintien d'un état donné aurait pour conséquence que l'entreprise ne serait pas capable de s'adapter à son environnement. S'arrêter, c'est reculer.
- Pour conquérir une position avantageuse, l'entreprise doit changer en permanence. Les processus de changement ne sont pas une fin en soi, mais synonymes d'amélioration, de consolidation et de sécurité.

Les conditions nécessaires à un changement réussi

Pour être couronné de succès, le changement doit réunir deux conditions : la qualité de la nouvelle solution et la forte motivation des parties prenantes à opérer les changements proposés.

Implication à tous les niveaux

Mettez à profit le fait que les individus s'identifient mieux aux projets qu'ils réalisent eux-mêmes. Les collaborateurs qui peuvent prendre part aux changements afficheront un engagement plus fort envers l'entreprise, avant comme après le processus de changement.

Comportement typique des collaborateurs pendant les processus de changement

	Favorables au changement	Sans opinion	Opposés au changement
Actifs	Innovateurs motivés	Individus engagés de façon distante	Boycotteurs
Passifs	Assistants productifs	Suiveurs	Résignés sceptiques

Gérer les résistances de façon constructive

Les résistances ont leur intérêt. Elles soulignent les éléments qu'il conviendrait de conserver, préviennent l'activisme pur et dur et évitent de s'engager dans des impasses.
Les cadres de direction devraient considérer les résistances aux processus de changement comme des évidences. Les attitudes négatives des collaborateurs, comme le scepticisme ou l'engagement modéré, sont très courantes dans ce contexte.

Les cinq étapes du changement

Pour être motivant, le processus de changement doit suivre cinq étapes :

1. Description du problème.
2. Définition des objectifs.
3. Conception du projet.
4. Mise en œuvre.
5. Contrôle du projet.

À chaque étape, vous devez maintenir un contact étroit avec vos collaborateurs, les motiver afin qu'ils s'impliquent et vous efforcer de gérer les résistances de manière constructive.

Le tableau suivant regroupe les questions que vous devriez vous poser pour y parvenir. Vous pourrez ainsi impliquer le plus de collaborateurs possible dans votre projet. La solution, du fait qu'elle bénéficie d'un large soutien, sera en outre plus efficace que les solutions isolées.

⊖ Check-list : Guide des processus de changement

Phase du processus de changement	Questions relatives à la motivation
1. Description du problème	– Les collaborateurs concernés ont-ils conscience du problème ? – Comment communiquer efficacement les possibilités qu'offre le changement ? – Comment valoriser le travail accompli jusqu'à présent ? – Quels collaborateurs pourraient se sentir personnellement concernés par le changement (sentiment de culpabilité, inquiétude) ? – Comment libérer l'énergie pour le changement sans générer une pression excessive du résultat ?
2. Définition de l'objectif	– Quels sont les objectifs concrets pour les collaborateurs concernés ? – Comment leur communiquer les besoins correspondants de manière appropriée ? – Quels sont les collaborateurs les plus/les moins concernés par le changement ? – Quels standards doivent s'appliquer aux parties prenantes pour permettre la réalisation des objectifs ?
3. Conception du projet	– Comment impliquer le plus de collaborateurs possibles dans la conception du projet ? – Est-il tenu compte équitablement de toutes les unités organisationnelles concernées dans la conception du projet ? – Qui pourrait proposer des solutions ?

Phase du processus de changement	Questions relatives à la motivation
4. Mise en œuvre	– Tous les collaborateurs sont-ils prêts à s'engager pour participer activement à la mise en œuvre des changements décidés ? – Quelles sont les résistances ? Comment les gérer ? Comment les exploiter ? – Toutes les parties prenantes se retrouvent-elles dans la mise en œuvre du projet qu'elles ont contribué à concevoir ?
5. Contrôle du projet	– Dans quelle mesure les objectifs du projet sont-ils atteints ? – La participation souhaitée a-t-elle été effective ? – Quelles résistances ont été « positives » et quelles pourraient en être les implications ? – Quels sont les domaines d'amélioration des changements opérés ?

Programmes de fidélisation du personnel

Un environnement motivant contribue à la fidélisation des collaborateurs. À l'inverse, un environnement démotivant peut inciter les collaborateurs à quitter rapidement l'entreprise. Une forte rotation du personnelle est considérée à juste titre comme une conséquence de problèmes de motivation non résolus. Il est rare que le salaire soit le seul facteur qui pousse un col-

laborateur à rechercher un nouvel emploi. C'est une décision plus difficile à prendre qu'on ne le pense.
La motivation des collaborateurs est un moyen efficace pour réduire le taux d'absentéisme et la rotation du personnel. Les consultants en ressources humaines sont très fréquemment interrogés sur la manière dont cet instrument peut être appliqué efficacement dans une entreprise.
Dans ce contexte, on parle souvent de fidélisation des collaborateurs. Les programmes de fidélisation ont pour but de conserver les salariés performants dans l'entreprise au moyen d'actions spécifiques. Ces programmes sont aussi une réaction des entreprises au renforcement de la transparence du marché du travail, où chacun peut tester sa propre valeur sans s'engager.

La fidélisation désigne un ensemble de mesures qui contribue à conserver les collaborateurs dans l'entreprise.

Mesures des programmes de fidélisation

Avant tout, il convient de déterminer les causes internes au départ des collaborateurs (car seules ces causes peuvent faire l'objet d'une analyse ciblée). Il faut ensuite adopter des mesures dans le but d'éviter de nouvelles démissions. Parallèlement, l'entreprise doit faire en sorte de renforcer les facteurs qui fidélisent les collaborateurs.

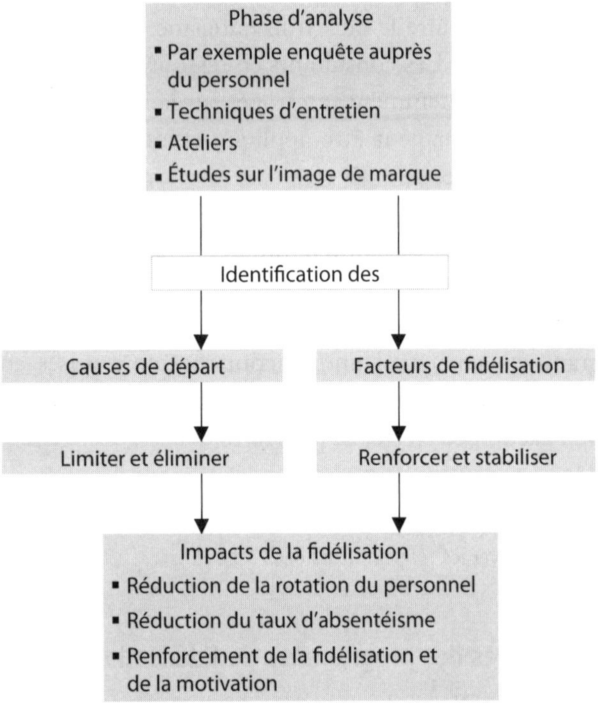

Phases et aspects des programmes de fidélisation

En règle générale, les programmes de fidélisation suivent donc deux stratégies : éliminer les causes de départ et renforcer les facteurs de fidélisation. Ces deux stratégies font partie du même projet.

➲ Causes de départ

Facteurs déclencheurs	Facteurs déclencheurs ou accélérateurs	Facteurs accélérateurs
– Structure sociale – Vie dans l'entreprise – Relation chefs-collaborateurs – Nature du travail – Stimulation intellectuelle – Intérêt du travail – Plaisir dans le travail – Expériences valorisantes – Équité ressentie – Égalité des salaires – Traitement social équitable	– Technologie – Niveau/Taux de technologisation – Exécution du travail – Organisation du lieu de travail – Règlement intérieur – Structure organisationnelle formelle – Progression professionnelle – Facteurs pécuniaires – Salaire global – Modes de rémunération – Système de participation – Prestations sociales – Structure de l'entreprise	– Secteur – Image du secteur – Implantation – Taille de l'entreprise – Image de l'entreprise

Nous distinguons les facteurs déclencheurs des facteurs accélérateurs. Les facteurs déclencheurs sont les causes de départ elles-mêmes, tandis que les facteurs accélérateurs sont les éléments qui accélèrent une tendance, qu'il s'agisse d'un maintien dans l'entreprise ou d'une démission. La frontière entre ces deux types de facteurs n'est pas toujours claire, certains pouvant appartenir aux deux catégories à la fois.

Facteurs de fidélisation

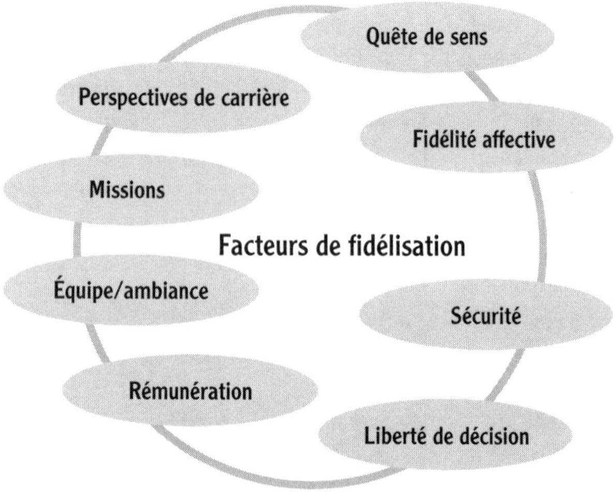

Facteurs de fidélisation des collaborateurs

Les facteurs qui poussent un individu à rester dans une entreprise ou à la choisir de manière délibérée sont tout aussi nombreux que les causes de départ possibles.

Analyser les causes et engager des mesures adaptées

Un programme de fidélisation des collaborateurs consiste en fait à mettre en place une organisation propre à favoriser la motivation du personnel.
Selon nous, il ne s'agit pas de multiplier les mesures dans un élan d'enthousiasme forcené en privilégiant la quantité avant tout, car cela aurait pour seul effet de voir se neutraliser mutuellement les mesures engagées et de faire naître des inquiétudes parmi les collaborateurs.
Il est au contraire conseillé d'identifier dans un premier temps les principaux secteurs de l'entreprise qui représentent un obstacle à la motivation pour ensuite élaborer des mesures moins nombreuses, mais plus ciblées et plus intégrées, qui permettront de traiter les problèmes identifiés.
Aussi, les responsables en charge de l'introduction des programmes de fidélisation ne doivent pas agir intuitivement en suivant les premières idées qui leur viennent à l'esprit, mais s'appuyer sur l'analyse de la

situation. Sans une connaissance précise des causes des démissions, l'ensemble de mesures s'apparente en effet rapidement à un jeu de hasard, qui, malgré quelques succès occasionnels, n'aboutit en fait à rien.
Le tableau suivant vous propose quelques exemples de méthodes permettant de renforcer les facteurs de fidélisation.

➲ Check-list : Comment renforcer les facteurs de fidélisation

Facteur de motivation	Exemples d'actions
Missions	– Lutte contre la monotonie par la rotation des postes – Enrichissement qualitatif par l'enrichissement et l'élargissement des tâches
Perspectives de carrière	– Plans de carrière – Développement des compétences par des programmes de formation continue, etc.
Quête de sens	– Renforcement de l'identification avec les activités personnelles au travers de tâches plus globales (élargissement des tâches)

Facteur de motivation	Exemples d'actions
Fidélité affective	– Délégation de missions spéciales – Engagement de la responsabilité dans les projets
Sécurité	– Transparence sur l'évaluation des performances, les possibilités de développement et la situation de l'entreprise – Systèmes de définition des objectifs
Liberté de décision	– Autonomisation reposant sur des structures d'entreprise autonomes et le transfert de décisions – Modèles de temps de travail
Rémunération	– Systèmes de rémunération conformes aux tendances du marché qui répondent à la flexibilité du marché du travail
Équipe/ ambiance	– Activités communes en dehors du travail – Formation en développement d'équipes – Formation des cadres de direction

Les différents niveaux des programmes de fidélisation

Les programmes de fidélisation comportent trois niveaux : entreprise, direction et collaborateurs.

Niveaux des programmes de fidélisation

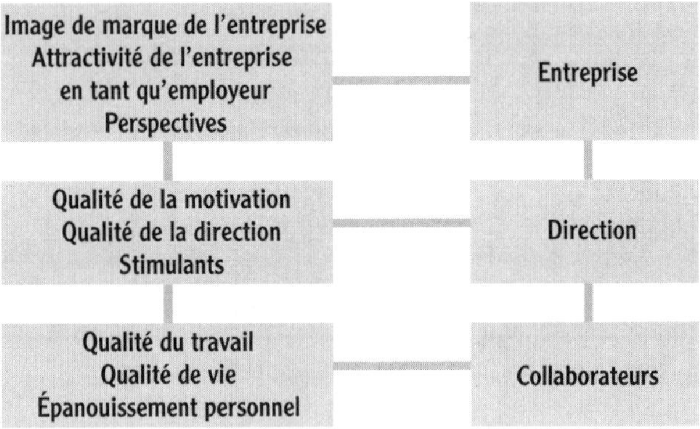

Entreprise

Les entreprises ont un impact interne et un impact externe, qui contribuent tous deux à la fidélisation de leur personnel. À ce niveau, la question est donc de savoir si l'entreprise peut se positionner en tant que « marque » attractive afin de renforcer la fidélisation des collaborateurs.

Direction

Ce niveau concerne la qualité des stimulants et du travail direct de direction. Ce sont en effet ces deux éléments qui exercent l'impact direct le plus fort sur le processus de motivation. La mise en œuvre d'instruments de direction à l'échelle de l'entreprise intervient également à ce niveau.

Collaborateurs

Ce niveau s'intéresse aux possibilités d'épanouissement et de développement personnel des collaborateurs : mesures visant à renforcer les performances, soutien au développement personnel, mais aussi création de marges de manœuvre permettant aux collaborateurs de se consacrer à des domaines de la vie extraprofessionnels qui leur tiennent à cœur.

Les instruments de motivation doivent aller dans le même sens

Selon les besoins de votre entreprise, vous limiterez votre analyse et les mesures qui en découlent à certains des niveaux évoqués ou les appliquerez à l'ensemble de l'organisation. Les deux options sont bien sûr possibles.

Ce qui importe, c'est que les mesures soient coordonnées : un paquet de mesures cohérent est préférable à une multitude de solutions isolées qui demanderont un important travail de mise en œuvre. Par exemple, le système de rémunération doit être harmonisé avec le système de définition des objectifs, qui doit lui-même compléter de manière pertinente le programme de formation continue.

La règle en la matière est la suivante : il vaut mieux engager deux étapes plutôt que quatre, en veillant à ce qu'elles aillent dans la même direction et soient suivies correctement, avant de planifier l'étape suivante.

Autonomisation : du collaborateur au partenaire

Les entreprises souhaitent que leurs salariés s'impliquent, soient autonomes et partagent la même communauté de vues que la direction. En un mot : qu'ils soient des partenaires.

L'autonomisation (*empowerment* en anglais) est ce qui caractérise un processus qui, par exemple, permet de convertir des services administratifs distincts en un centre de services ou des départements gérés de manière autonome en prestataire de services interne orienté vers la clientèle.

Une nouvelle façon de penser

Le terme anglais *empowerment* signifie « habilitation » du point de vue de la direction et « autonomisation » du point de vue des salariés. On associe généralement à ce concept des projets d'un ou deux ans qui s'accompagnent d'une nouvelle répartition des tâches, compétences et processus décisionnels, mais implique aussi et surtout une façon de penser fondamentalement différente. Un processus difficile qui ne coule pas toujours de source, mais poursuit un objectif précis : permettre à chaque collaborateur de disposer de la marge d'action et de décision dont il a besoin pour se mettre en position de partenaire de l'entreprise, agir de manière responsable et développer une compréhension de l'orientation vers la clientèle.

Au cours de ce processus, qui peut entraîner une redistribution des processus décisionnels et des marges de manœuvre, mais remet aussi en cause l'organisation structurelle et procédurale de l'entreprise, nous vous conseillons dans un premier temps de vous concentrer sur trois domaines clés, développés ci-dessous. Vous pourrez ainsi déterminer quels sont les potentiels d'amélioration, qui ont également une incidence sur la motivation des collaborateurs.

Processus décisionnels et niveaux structurels

Notre organisation structurelle correspond-elle à nos objectifs ? Notre structure est-elle efficace et souple, tout en étant organisée et fiable ?
Une culture d'entreprise dans laquelle la documentation joue un rôle central, qui est très codifiée et s'appuie sur une multitude d'instructions et de directives peut dénoter une structure organisationnelle trop fragmentée.
À l'inverse, des processus décisionnels mal définis peuvent être le signe d'une organisation trop horizontale ou trop peu différenciée.

Étendue et délimitation

La répartition actuelle du travail est-elle justifiée ? N'y a-t-il pas une tendance trop marquée au taylorisme ou, au contraire, à une polyvalence excessive qui entrave l'expertise ?
L'étendue et le contenu de la communication entre les départements d'une entreprise sont révélateurs de l'efficacité de la répartition des tâches.
Si, par exemple, une entreprise a mis en place de nombreux groupes de projets dans le cadre desquels les collaborateurs travaillent sur des sujets qui se recoupent partiellement selon des modèles de répartition horaire complexes, il se peut que les structures actuelles doi-

vent être remplacées par de nouvelles structures qui reflètent mieux les exigences auxquelles l'entreprise doit répondre, en particulier si les salariés ont le sentiment de ne plus pouvoir effectuer leur travail correctement à cause de l'emprise du projet.

Mais il y a aussi des cas où l'interdépendance doit au contraire être renforcée.

Structures et canaux informels

La plupart des structures et des canaux informels ne sont pas fortuits. Ils offrent souvent aux collaborateurs un moyen efficace d'accéder aux informations dont ils ont besoin pour leur travail, mais qu'ils ne pourraient se procurer que difficilement par les voies « officielles ». Si un canal informel se révèle plus efficace qu'un canal officiel, il est exploité par le personnel.

En présence de nombreux canaux informels, on peut supposer que l'entreprise renferme un important potentiel d'optimisation, qu'il suffirait de révéler. Dans une telle configuration, les salariés d'une entreprise sont les meilleurs vecteurs d'optimisation.

Pour s'engager sur le chemin de l'autonomisation, les entreprises ont avant tout besoin :

- du courage et de la volonté de changer,
- d'optimisme,
- de croire dans leurs collaborateurs et leurs capacités.

Annexes

Perspectives

Nous espérons que ce MiniGuide vous a incité à réfléchir à vos objectifs, à votre entreprise, à votre style de direction et à vos collaborateurs.

Il s'agit maintenant de passer à la pratique. Il est en votre pouvoir de prendre les choses en main et de changer les choses.

Il se peut que certains éléments de votre comportement ou de votre entourage vous dérangent. Si vous suivez les nombreux conseils que nous vous avons livrés, vous serez en mesure de vous décider pour ou contre le changement : que pouvez-vous accepter, que voulez-vous changer ? Êtes-vous prêt à aller jusqu'à quitter votre entreprise, parce qu'elle ne vous offre aucune possibilité d'épanouissement personnel ?

Une chose est sûre : c'est à vous qu'incombe la décision de changer. Vous préférez peut-être parfois attendre que les autres fassent le premier pas vers le changement. Pourtant, ce premier pas devrait toujours être franchi par les personnes qui souhaitent un changement. Attendre que les autres agissent signifie le plus souvent empêcher le changement. Si vous savez ce qu'il faut faire, faites-le ! Adoptez le mot d'ordre « Love it, change it or leave it ».

Bibliographie

Cooper Robert K. et Sawaf Ayman, *Executive E.Q.*, G. P. Putnam's Sons, 1997.

Goleman Daniel, *L'Intelligence émotionnelle*, J'ai lu, 2003.

Von Kanitz Anja, *L'Intelligence émotionnelle*, Ixelles éditions, 2009.

Index

Dans la collection MiniGuides ecoLibris :

ISBN	Code	Titre
978-2-87515-002-8	44 2910 6	La Manipulation
978-2-87515-003-5	44 2911 4	L'Anglais des affaires
978-2-87515-004-2	44 2912 2	L'Intelligence émotionnelle
978-2-87515-005-9	44 2913 0	La PNL
978-2-87515-006-6	44 2914 8	Des prénoms au top
978-2-87515-007-3	44 2915 5	Jus et cocktails Santé
978-2-87515-008-0	44 2917 1	Trouver le bonheur
978-2-87515-009-7	44 2918 9	Entraîner sa mémoire
978-2-87515-015-8	44 2921 3	En finir avec le stress
978-2-87515-017-2	44 2923 9	Le Langage du corps
978-2-87515-012-7	44 2919 7	Verrines gourmandes éco
978-2-87515-016-5	44 2922 1	Folles Salades éco
978-2-87515-018-9	44 2924 7	On dîne avec les doigts
978-2-87515-019-6	44 2925 4	Mini-Cuisine d'été
978-2-87515-026-4	44 2931 2	Recettes faciles et vite prêtes avec ma touche perso
978-2-87515-027-1	44 2926 2	Tartes gourmandes et éco
978-2-87515-028-8	44 2927 0	Recettes de l'étudiant
978-2-87515-029-5	44 2928 8	Cueillette et recettes de champignons
978-2-87515-030-1	44 2929 6	Conversations en anglais
978-2-87515-031-8	44 2930 4	Bien débuter la guitare
978-2-87515-032-5	44 2932 0	Mini-Cuisine d'hiver
978-2-87515-033-2	44 2933 8	Soupes toutes simples et éco
978-2-87515-038-7	44 2934 6	Bien gérer la pression
978-2-87515-039-4	44 2935 3	La Motivation

Dans la collection MiniGuides ecoLibris :

ISBN	Code	Titre
978-2-87515-040-0	44 2936 1	Recettes minceur au son d'avoine, agar-agar et autres modérateurs d'appétit
978-2-87515-041-7	44 2937 9	Merveilleux Petits Gâteaux

Impression et façonnage réalisé en novembre 2009 par
Snel (Vottem)
pour le compte d'Ixelles Publishing SA

N° d'impression : 49335
Dépôt légal : 4e trimestre 2009

Imprimé en Belgique